应急物流丛书
国家重点研发计划课题：末端快速精准投送调度系统及关键技术研究
（2016YFC0803207）

属地应急物流管理

侯汉平　杨建亮　著

中国财经出版传媒集团
经济科学出版社
Economic Science Press

图书在版编目（CIP）数据

属地应急物流管理/侯汉平，杨建亮著 . —北京：经济科学出版社，2019.8

（应急物流丛书）

ISBN 978-7-5218-0794-3

Ⅰ.①属… Ⅱ.①侯…②杨… Ⅲ.①突发事件-物流管理-研究 Ⅳ.①F252.1

中国版本图书馆 CIP 数据核字（2019）第 183255 号

责任编辑：李　雪
责任校对：王肖楠
责任印制：邱　天

属地应急物流管理
侯汉平　杨建亮　著

经济科学出版社出版、发行　新华书店经销
社址：北京市海淀区阜成路甲 28 号　邮编：100142
总编部电话：010-88191217　发行部电话：010-88191522
网址：www.esp.com.cn
电子邮件：esp@esp.com.cn
天猫网店：经济科学出版社旗舰店
网址：http：//jjkxcbs.tmall.com
固安华明印业有限公司印装
710×1000　16 开　14.25 印张　220000 字
2019 年 11 月第 1 版　2019 年 11 月第 1 次印刷
ISBN 978-7-5218-0794-3　定价：60.00 元
（图书出现印装问题，本社负责调换。电话：010-88191510）
（版权所有　侵权必究　打击盗版　举报热线：010-88191661
QQ：2242791300　营销中心电话：010-88191537
电子邮箱：dbts@esp.com.cn）

前　言

近年来，我国重大自然灾害频发，造成了大量的人员伤亡和财产损失，给国家和人民带来了沉重的考验。如何降低自然灾害所带来的经济损失和人员伤亡，是我们面临的一个非常重要的挑战。因此，突发事件发生后，政府要实施先期处置、快速响应，在第一时间满足灾区应急需求，属地应急就成了快速救援的关键。

本书的研究是在不依赖于后方应急救援资源的条件下，利用属地应急资源，展开先期救援。以应急物流管理理论、应急物资管理理论、应急物资分配理论、多种运输方式联合调度理论、匹配决策理论、选址—路径—库存集成优化理论、供应链管理及网络优化理论为指导，研究基于需求不确定的属地应急物资分配、属地应急多种运输方式联合调度、属地应急虚拟众储车货匹配、属地应急物流选址—路径—库存集成优化等问题。通过问题描述和相关问题的分析，构建基于时间最短为目标函数，考虑多个关键因素的概念模型和数学模型、阐述模型求解方法，并通过仿真案例进行验证。

本书的研究丰富了属地应急物流理论，为灾后快速展开属地应急救援、最大限度地减少人员伤亡和财产损失提供理论基础。

作　者
2019 年 7 月

目录

1 绪论 / 1
  1.1 研究背景 / 1
  1.2 研究意义 / 4
    1.2.1 丰富和完善属地应急物流管理理论 / 4
    1.2.2 有利于实施快速精准的应急救援 / 5
  1.3 研究现状 / 6
    1.3.1 属地应急管理 / 6
    1.3.2 应急物资管理 / 9
    1.3.3 应急物资分配 / 11
    1.3.4 应急物流运输调度 / 13
    1.3.5 车货匹配 / 18
    1.3.6 物流决策集成 / 21
  1.4 研究方法 / 25
  1.5 本章小结 / 27

2 理论基础 / 28
  2.1 应急物流 / 28

    2.1.1 应急物流概念 / 28
    2.1.2 应急物流特点 / 30
    2.1.3 应急物流目标 / 32
    2.1.4 应急物流系统 / 33
    2.1.5 应急物流关键问题 / 34
 2.2 应急物资 / 37
    2.2.1 应急物资概念 / 37
    2.2.2 应急物资分类 / 38
    2.2.3 应急物资管理运作 / 39
 2.3 应急物资分配 / 41
    2.3.1 应急物资分配概念 / 41
    2.3.2 应急物资分配特征 / 41
    2.3.3 应急物资分配过程 / 42
 2.4 多种运输方式联合调度 / 43
    2.4.1 车辆调度 / 43
    2.4.2 联合运输 / 47
 2.5 匹配决策 / 50
    2.5.1 匹配决策概念 / 50
    2.5.2 匹配决策特征 / 51
    2.5.3 匹配决策分类 / 52
 2.6 选址—路径—库存集成优化 / 54
    2.6.1 选址—路径 / 54
    2.6.2 库存—路径 / 54
    2.6.3 选址—库存 / 56
    2.6.4 选址—路径—库存 / 57
 2.7 本章小结 / 58

目 录

3 属地应急物流综合分析 / 59
  3.1 属地应急物流内涵 / 59
    3.1.1 属地应急物流概念 / 59
    3.1.2 属地应急物流特点 / 60
    3.1.3 属地应急物流原则 / 62
  3.2 属地应急物流要素 / 65
    3.2.1 出救点 / 65
    3.2.2 集散点 / 66
    3.2.3 受灾点 / 66
    3.2.4 应急物资 / 67
    3.2.5 运输网络 / 68
    3.2.6 运输工具 / 69
  3.3 属地应急物流运作与管理 / 69
    3.3.1 监测分析 / 70
    3.3.2 需求预测 / 70
    3.3.3 信息汇总 / 70
    3.3.4 方案生成 / 71
    3.3.5 实施救援 / 71
  3.4 本章小结 / 72

4 基于需求不确定的属地应急物资分配问题研究 / 73
  4.1 属地应急物资分配综合分析 / 73
    4.1.1 属地应急物资分配概念 / 73
    4.1.2 属地应急物资分配原则 / 74
    4.1.3 属地应急物资分配流程 / 75
  4.2 属地应急物资分配模型 / 78
    4.2.1 问题描述 / 78

4.2.2 假设说明 / 79

4.2.3 模型构建 / 80

4.2.4 算法设计 / 84

4.3 仿真算例 / 86

4.3.1 算例描述 / 86

4.3.2 算例求解 / 90

4.3.3 结果分析 / 90

4.4 本章小结 / 96

5 属地应急多种运输方式联合调度问题研究 / 98

5.1 属地应急联合调度综合分析 / 98

5.1.1 属地应急联合调度概述 / 98

5.1.2 多种运输方式联合调度分析 / 99

5.1.3 多种运输方式联合调度架构 / 102

5.2 属地应急多种运输方式联合调度模型 / 103

5.2.1 问题描述 / 103

5.2.2 假设说明 / 104

5.2.3 模型构建 / 105

5.2.4 算法设计 / 111

5.3 仿真算例 / 113

5.3.1 算例描述 / 113

5.3.2 算例求解 / 116

5.3.3 结果分析 / 127

5.4 本章小结 / 132

6 属地应急虚拟众储车货匹配问题研究 / 133

6.1 虚拟众储车货匹配综合分析 / 133

  6.1.1　虚拟众储车货匹配概念及特点 / 133

  6.1.2　车货匹配原则及主体 / 135

  6.1.3　车货匹配影响因素 / 137

  6.1.4　车货匹配模式与流程 / 139

6.2　属地应急虚拟众储车货匹配模型 / 142

  6.2.1　问题描述 / 142

  6.2.2　假设说明 / 143

  6.2.3　模型构建 / 144

  6.2.4　算法设计 / 150

6.3　仿真算例 / 154

  6.3.1　算例描述 / 154

  6.3.2　算例求解 / 158

  6.3.3　结果分析 / 166

6.4　本章小结 / 166

7　属地应急物流选址—路径—库存集成优化问题研究 / 168

7.1　属地应急物资调配集成优化综合分析 / 168

  7.1.1　属地应急物资调配模式 / 168

  7.1.2　属地应急物流运作流程 / 170

  7.1.3　属地应急物流 CLRIP 优化分析 / 172

7.2　属地应急物流 CLRIP 模型 / 174

  7.2.1　问题描述 / 174

  7.2.2　假设说明 / 175

  7.2.3　模型建立 / 176

  7.2.4　算法设计 / 182

7.3　仿真算例 / 188

  7.3.1　算例描述 / 188

  7.3.2　算例求解 / 191

7.3.3 结果分析 / 195

7.4 本章小结 / 197

日 结论 / 198

参考文献 / 202

后记 / 219

1

绪　　论

1.1　研究背景

我国地域广阔，人口分布高度集中，受气候影响，这些年各地自然灾害频发，给我国造成了巨大损失。据统计，仅 2017 年上半年，各类自然灾害共造成全国 4 557.6 万人受灾，204 人死亡，102.2 万人次需紧急转移安置，49.5 万人次需紧急生活救助，造成的直接经济损失高达518.9 亿元。

《中华人民共和国突发事件应对法》（2007 年通过并实施）在总则中就明确提出了"国家建立统一领导、综合协调、分类管理、分级负责、属地管理为主的应急管理体制"。县级人民政府要对本县行政区域内的突发事件应对工作负责；突发事件发生后，发生地县级人民政府应当立即采取措施控制事态的发展，并且迅速组织开展应急救援和处置工作。根据《突发事件应对法》的原则和要求可以看出，属地管理在应对并处置突发事件的过程中占据着非常重要的地位。突发事件发生后，属地政府要快速启动应急预案开展应急救援行动，以达到控制事态的发展、减少造成损失的目的。针对大规模自然灾害发生的不确定性、连续性、破坏性大等特点，在应急救援过程中，应急物资的分配、调度和运输等活动必然成为抢险救灾的关键。

从当前国内外应急救援的体制来看，基本都是遵循"属地应急——后方救援"的救援模式开展救援行动，先实施属地应急，后进行后方救援：灾害发生后，首先进行属地的自救，统筹有限的属地资源，根据有限的灾情信息制订方案，将属地资源第一时间送达灾区；灾后的物资需求庞大，灾情信息不断更新，还需要进行后续的后方救援，国家统筹全国的应急物资，合理配置资源，实现应急救援的目的。从国内外救援实践来看，应急救援应强调先期处置、快速响应，在灾害发生的第一时间内快速调配物资运达灾区，满足灾民的物资需求，减少伤亡。

《国家突发公共事件总体应急预案》中指出：健全应急物资储备、调拨和配送体系，确保应急所需物资和生活用品的及时供应；应急交通工具优先安排、优先调度、优先放行，确保抢险救灾物资能够及时、安全送达；要做好受灾群众的基本生活保障工作，确保灾区群众有饭吃、有水喝、有衣穿、有住处、有病能得到及时医治。由此看来，高效科学管理应急物资有利于灾后快速展开救援。

属地应急较一般应急救援（后方救援）复杂度更高、难度更大。灾害发生后第一时间内道路损毁、通信中断，导致灾区情况比较混乱，信息无法实时传达，统计工作难以开展，灾区处于"黑箱"状态，需求信息也并不确定，盲目、不合理的应急物资分配不仅难以缓解灾情，还会造成资源的浪费，而属地资源是极其稀缺的。众多灾民面临着衣、食、住、行、用、医等方面的困难，救援物资来源的分散性、输送储运能力的有限性、各种应急物资供给与需求的不确定性，给救灾物资的分配工作带来很大困难，灾后首批应急物资的分配意义重大，不仅关系到灾民的生命安全，还影响着灾民的情绪稳定，这就意味着属地应急物资分配在应急救援中占据着重要地位。

我国应急救援运输力量目前还是以汽车运输为主，在海运或者水路网比较发达的地区，救护气艇和快艇也常被用于应急物资的运输，当然，直升机运输在各类应急救援中也都发挥着不可替代的作用。国外发达国家，直升机和救援专用机使用频率更高，早已成为应急救援的常规性运输工具。直升机与其他运输工具的配合使用，可以提高应急响应时间，具有快速灵活的特点。然而，目前我国应急救援运输系统间相对独立，缺乏综合协调。例如，在汶川地震中，有来自多个部门的投送直升机、运输车辆等多种运输工具，还有从紫坪铺水库通往映秀的"水上生命之路"中使用的各种船艇，由于各自为政，缺乏必要协调和统筹[1]，无法形成统一的"合力"，导致出现投送效率低下、运输资源浪费、救援物资供需矛盾等问题，无法真正地实现应急物资快速精准投送。针对属地灾情需求特点，考虑多种运输方式特点、道路损毁、气候恶劣等情况，实现基于快速反应的多种运输方式的联合调度优化。但目前这方面还缺乏深入研究，因此，研究基于属地应急的多种运输方式的联合调度问题具有重要的现实意义。

目前民政部在全国18个城市设立了中央救灾物资储备库，对于这些储备库来说，地理位置分布的不均匀性和灾害发生地点的不确定性导致当灾害发生的时候救援物资仍然很稀缺。从中央救灾物资储备库调出物资到具体的受灾区域可能需要的时间比较长，所以救灾目前所依赖的仍然是各个市县所储备的物资；而且从物流的角度来说，对于配送的物资和灾区的灾民也需要在靠近灾区的地方设置应急物流配送中心。由于这些配送中心都比较靠近灾区，发生灾害的时候会影响到这些配送中心的正常运行，可能会造成应急配送中心失效。而目前在设施失效方面的理论研究和实际操作上都没有太多可行的方法和方案，一般都是在发生失效之后，把它所服务的受灾点安排到其他配送中心，并没有考虑到整个物流系统的优化，这可能会造成整个应急物流系统的时间延长、救援成本增大。所以在考虑设施失效条件下进行应急物流网络规划很有必要。

针对属地应急物流来说，如何科学地优化应急物资的分配、多种运输方式联合调度与应急物流选址—路径—库存集成问题，增强整个系统的应急保障和反应能力，不仅对救灾和降低灾情损失具有十分重要的意义，而且对灾后重建来说也有重大帮助。

1.2 研究意义

多数学者没有考虑到属地应急救援的特殊性，本书在需求不确定的条件下，研究属地多受灾点、多出救点、多种物资的分配问题；在运输工具种类和数量有限的条件下，考虑运输网中断的多种运输方式应急调度问题；在突发事件尤其是自然灾害发生的时候，考虑设施失效的应急物流选址—路径组合优化问题；从系统的角度解决属地应急物流多目标、多任务及多约束的综合协调与优化问题；进而综合考虑属地应急设施选址、物资分配及库存管理，对选址—路径—库存问题进行优化。本书研究可以弥补应急物流相关领域理论研究的不足，促进属地应急物流理论的形成和发展，具有学术研究价值，并为应急救援中属地众储物资科学分配这一关键问题提供指导依据，有利于解决我国应急救援中属地众储物资合理分配的问题，实现快速精准救援，不断提高我国救灾物流工作水平，进而提高我国应急救援水平。

1.2.1 丰富和完善属地应急物流管理理论

灾害发生地及其周边有很多大众应急救援物资和社会救援力量可以利用，这些社会救援物资具有来源的分散性、运输能力的有限性、物资需求的多样性、需求的难预测性、供给的不确定性、异常事件的随机性和投送的快速性等特点。

虽然国家的相关法律和应急预案早已明确了属地应急管理的重要作用，但针对属地应急物流管理的研究却相对较少。本书将分析属地应急物流的概念、特点及运作与管理，对于完善属地应急管理理论具有重要意义。

当前属地应急调度资源分散，隶属于不同的救援组织，指挥调度体系分割，研究属地应急资源综合集成运输调度，有利于属地多种方式运输资源整体优化，合理安排属地资源投送，满足受灾点应急资源需求，实现恶劣环境下资源快速精准投送，最大可能地抢救受灾人员生命、减少财产损失。

灾害发生后，考虑部分设施失效的情况，根据属地先期快速处置的原则，在属地应急资源有限的前提下，研究如何科学合理安排多种运输工具的联合调度，为有效解决属地应急物流重点和难点问题提供了一套可操作的属地应急运输投送调度解决方案。

1.2.2 有利于实施快速精准的应急救援

以往的应急物资分配中，决策者往往依据应急的经验进行物资分配，经常出现应急物资没有分配给最需要救助的受灾群众，不需要救助的灾民反而分配到大量应急物资的现象。这主要是由于应急物资分配缺乏精准性，造成不需要的应急物资被源源不断送来，需要的物资却总是分配不到或者分配不足，导致应急物资的短缺与积压并存的矛盾现象经常出现。

灾害发生后第一时间内，根据所能掌握的全部信息，及时预测出灾区的物资需求，统筹属地有限的物资，并据此制订出物资分配方案，进行快速精准投送，最小化救援时间，最大化物资效用，降低灾区损失。科学合理优化配置应急物资，能够保证物资发挥最大效用，确保物资分配过程的公平性，最终实现应急救援的快速响应。研究需求不确定条件下的属地应急物资分配问题，有利于改善当前基层应急救援薄弱的状况，为政府提供科学合理的分配方案，确保顺利开展应急救援工作。通过对属地应急相关理论的研究，分析了属地应急管理的理论和方法，有利于建立和丰富属地物资分配理论，为属地应急救援提供理论指导。

当前国内对于应急物流的研究起步较晚，还存在一定的不足，尤其是基于属地应急救援、需求不确定条件下的应急救援问题，相关研究较少。灾害发生后，道路损毁、通信中断，灾区与外界失去联系，信息无法实时传递，导致灾区物资需求的不确定，给应急救援工作带来了一定的困难。由于灾害的突发性、破坏性，造成的损失往往是巨大的，且灾后第一时间内外界物资无法及时送达，这时需要属地积极开展自救，实现应急物资的快速精准投送，减少灾害给灾民带来的危害。因此，发现当前国内应急救援研究中的不足，研究需求不确定条件下的属地应急物资分配问题，有利于实施快速精准的应急救援。

1.3 研究现状

1.3.1 属地应急管理

（1）国家属地应急管理体制和原则

2006 年通过的《中共中央关于构建社会主义和谐社会若干重大问题的决定》[①] 指出"建立健全分类管理、分级负责、条块结合、属地为主的应急管理体制"。而 2007 年就以法律的形式确立了属地管理的地位，通过并实施的《中华人民共和国突发事件应对法》在总则中指出"国家建立统一领导、综合协调、分类管理、分级负责、属地管理为主的应急管理体制"。而后，属地为主的指导思想就应用到各种应急预案中，如 2012 年修订的《国家地震应急预案》[②] 的工作原则中指出，"抗震救灾

---

① 《中共中央关于构建社会主义和谐社会若干重大问题的决定》第 6 章第 5 条（2006 年）。

② 《国家地震应急预案》（修订）第 1 章第 4 条（2012 年）。

工作坚持统一领导、军地联动，分级负责、属地为主，资源共享、快速反应的工作原则"。2016修订的《国家自然灾害救助应急预案》①中也提出按照"条块结合，以块为主"的原则，灾害救助工作以地方政府为主。

（2）属地应急管理理论方法

罗德（Lord，2003）从政府组织角度研究应急管理，他认为这是一个使各级政府共同努力、减轻、准备、响应和灾后恢复的框架结构。这些灾害可以是自然的或人为的，比较小的或非常大的，并介绍了综合应急管理框架和各级政府在该结构中的角色[2]。珍妮、叶琳娜（Jenny & Elina，2007）从区域城市网络协同角度研究应急管理。她们强调发展协同网络之间一系列因素的重要性，其中大城市是基本功能。完善的应急管理，与当地城市间资源共享有关，社会是解决应急管理的最好方式[3]。古登、博伊德（Gooden & Boyd，2009）从社会公平性角度，研究了属地应急管理的规划。他们认为低收入者、残疾人和老年人在应对灾害时可能会比其他人更容易受到伤害。通过来自美国各地的31个地区的数据检验，这些县和市政府制订他们的紧急行动计划时，是否（以及如何）考虑这些脆弱的人口的需求。结果表明，地方政府往往会对老人和残疾人给予更多的关注[4]。

我国的学者也在属地应急管理方面做了相关的研究。陈莹珍、赵秋红在研究属地应急物资分配时指出，灾害发生后，短期内后方的物资不能送达受灾区域，因此必须利用属地范围内的应急物资对本地的受灾区域进行救援[5]。马颖超认为属地管理是由突发事件发生地的政府主要负责应急救援工作，确定应急管理实施机构，明确责任和权限[6]。关磊等人从危险企业与属地政府缺乏有效衔接的角度进行研究，指出重大事故发生时企业周边公众不能及时疏散和撤离而造成严重的伤亡，并提出"一对一"应急预案，其目标是在处理危险企业造成的突发事件中充分

---

① 《国家自然灾害救助应急预案》第6章总论（2016年）。

发挥属地政府在应急救援中的重要作用[7]。杨新水认为属地管理就是地方政府承担着属地范围内社会治理的各项管理工作[8]。刘永强认为县级政府在国家行政管理体制的末端，国家在加强应急管理能力时，必须重点提高县级政府的应急管理水平[9]。郑琛，佘廉从现场应急指挥组织结构方面，分析了现阶段我国在处理突发事件中资源配置不统一、部门协调困难等问题[10]。

李湘江指出了地方政府在处理突发事件中存在应对机制混乱、效率低下、权威性不高、以及追责困难等问题[11]。廖晓明、胡雁指出在处理突发事件时，地方政府之间、政府与社会之间缺乏广泛的合作，法律体系还不完善等问题[12]。陈玲从突发事件的预警机制角度分析地方政府在应急管理中的不足，认为缺乏有效的监控和预警协调以及公众危机意识[13]。

（3）属地应急管理研究述评

在属地应急管理的理论方法方面，国外的学者更多地关注于突发事件发生后，各级政府相互协调、互相配合，共同实现快速救援。强调社会公众参与的重要性，通过调动社会公众的力量，扩大应急救援力度。然而，国外学者忽略了属地应急的重要作用，对属地政府的主体作用认识不足，针对属地政府为主的相关研究不足。

属地应急在国内也已经引起了国家和相关学者的重视。国家制定颁布了相关法律法规，从制度上明确了属地应急在应急救援行动中的重要性，对属地应急管理体制和原则做了相应的阐述。国内的学者已经意识到属地政府在处理突发事件中的重要性，针对属地应急开展了一系列研究，然而大多停留在权责、机制结构方面。这些研究明确了属地政府的权责，阐明了属地应急的机制和结构框架，强调了应急救援行动中必须考虑属地的法律法规、资源信息，发挥属地特色。还有学者分析了目前属地政府在应急管理中存在的一些不足和缺陷。针对应急管理中属地政府处理突发事件的具体流程以及理论方法方面的研究仍存在不足，需要开展进一步的研究。

1.3.2 应急物资管理

(1) 应急物资分类

应急物资需求的多样性，使得应急物资的种类繁多，不同的物资之间存在着较大的差异，需要分别进行管理，否则会出现各种问题，不利于实施应急救援。因此，需要对应急物资进行分类，细化品类，方便物资的储存和流通。针对应急物资的分类，国家出台了相关文件，部分学者也进行了一系列研究。

《应急物资分类及产品目录》① 中，按应急物资的用途将应急物资分为 13 类，即防护用品类、生命救助类、生命支持类、救援运载类、临时食宿类等。

克雅尔等人（Khayal et al.，2015）从地区特性出发对应急物资分类进行研究，将应急物资分为四类[14]。郭子雪等人研究应急物资分类时，提出将模糊聚类应用于分类方法中，并验证其可行性[15]。王庆荣等人研究了现有的物资分类方法，提出了基于改进 K 均值聚类的分类方法，并构建了改进的粒子群算法对算例进行分析[16]。李辉在目前的分类方法的基础上，应用线分类法，提出了应急物资分类标准[17]。赵姝迪在对相关文件及研究进行分析的基础上，指出了当前的应急物资分类存在的不足，并综合考虑时间、空间和用途三个维度，构建了多维度的分类方法[18]。夏萍在研究应急物资的分类问题时，提出应用概率神经网络方法建立分类模型，并通过 MATLAB 仿真验证了模型的有效性[19]。

(2) 应急物资管理流程

刘等人（Liu et al.，2008）等人提出事先储备适当数量的应急物资，以应对灾害的发生[20]。塔斯肯（Taskin，2011）从以往的地震灾害中汲取经验，探索构建应急物资储备管理体系的方法[21]。奥村（Oku-

---

① 《应急物资分类及产品目录》是由国家发展和改革委员会制定并颁布的。

mura，2013）在研究应急物资管理时，将救灾物资通过地市级和市级仓库分配和交付，并研究了其中存在的问题[22]。

姜玉宏等人在研究应急物资管理时，从应急物资的分类和特点出发，阐述了应急物资管理的流程[23]。周晓利通过研究指出了我国应急物资管理中存在的一些问题，并针对管理过程中具体流程的优化，提出了相应的建议[24]。

晏士梅通过研究指出了当前我国应急物资管理中存在的问题，并提出应建立应急物流管理信息系统，以便信息化地实时管理应急物资[25]。仲秋雁等人从危险化学品的角度出发，对城市应急物资管理进行研究，重点研究了应急物资管理中的储备和调度，建立了相应的模型，并通过案例分析验证了模型的有效性[26]。曾霞等人通过对地震救援的实例研究指出，对应急物资管理实施模块化管理，实现平急结合、快速响应[27]。马雪等人对应急物资管理进行分析，指出为提高应急效率应加强各环节的管理。这些环节包括平时储备、需求分析、应急预案、物资配送、信息系统[28]。翟丹妮将应急物资管理划分为准备、预警、响应和恢复四个阶段，并对各阶段的工作重心进行了分析[29]。

韦保新将信息技术引入应急物资管理，实施应急物资管理与物联网的对接，实现应急物资管理的智能化、规范化[30]。陈一洲等人在研究应急物资管理问题时，提出应构建应急物资管理平台，实现与国家信息平台的对接，实现应急数据的实时共享，并对其进行标准化处理[31]。

（3）应急物资管理评述

许多学者针对应急物资管理开展了研究，对应急物资分类方法进行了定性和定量研究，为应急物资的保管和配置提供了理论方法。同时，对当前应急物资管理的流程进行了分析，指出了其中存在的问题，并提出了相对应的优化策略。此外，还有研究指出，与物联网、国家信息平台等对接，实现管理流程的信息化、智能化，实现实时数据共享。这些研究都为应急物资管理提供了理论基础，能够确保灾害发生后应急救援的精确高效，并且指明了进一步的研究方向。当前的应急物资管理还存在很多的不足，因此需要提高管理水平，从而提升应急救援效率。

1.3.3 应急物资分配

这里对针对信息完备和不完备情形下的物资分配的研究进行综述。

（1）信息完备下的应急物资分配研究

针对信息完备情形下的应急物资分配问题的研究，大多考虑的是确定或已知的需求，或者通过需求预测可以获得确定的需求量。

曾晋皓（Tzeng，2007）等人在需求确定条件下，以运输费用最少、运输时间最短、供应满意度最优作为目标函数，对应急物资调度进行研究[32]。曾敏刚等人研究了应急物资供应不足且供需均已知情形下的物资分配问题，构建了以总效用最大为目标的分配优化模型[33]。王楠等人考虑了应急物资供应有限前提下的物资分配问题，通过需求预测将问题转化为背包问题，并求解得到最优方案[34]。王旭坪等人考虑到灾害发生后灾民的心理因素，构建了供需已知下基于时间满意度、需求满意度以及效用满意度的分配模型[35]。

（2）信息不完备下的应急物资分配研究

由于灾害的突发性、破坏性及不确定性，导致灾情信息传达不及时，造成信息的不完备。对于信息不完备下的应急物资分配问题，考虑到应急物资的需求特性，从目前国内外学者的研究来看，主要有随机规划、动态规划、模糊规划、鲁棒优化等优化方法。

有学者考虑到需求的随机性，对应急物资分配问题进行研究。罗尔斯等人（Rawls et al.，2012）考虑需求随机性情况，构建随机规划模型，对应急资源配置问题进行分析[36]。巴巴欧所格鲁（Barbarosoglu，2004）等人在考虑应急配送的不确定性的前提下，将物资需求转化为随机变量，构建了两阶段的随机规划模型[37]。詹沙磊等人考虑物资需求的随机性以及路径的不确定性，提出灾害信息需要实时更新，并据此建立了应急物资调度模型[38]。

也有部分学者考虑到需求的动态变化,将其作为动态变量处理,将灾后应急救援划分为各个阶段。欧泽达玛等人(Oezdamar et al.,2004)认为应急物资分配是动态的过程,需要划分为多阶段进行研究,并以每阶段实时更新的需求为依据,实施物资的动态分配[39]。常福生等人(2014)研究应急物资调度问题时,考虑到受灾点需求的动态变化,构建了应急物资调度的多目标动态规划模型,并设计贪婪搜索算法进行求解[40]。周晓猛等人基于动态规划理论,将应急资源配置过程划分为若干阶段。以每一阶段开始或上一阶段结束时已调度的应急资源数量为状态变量,构建数学模型[41]。陈达强等人通过研究指出,在应急救援过程中,应急物资供需存在很多的不确定性,处于动态变化的过程,因此需要考虑应急物资供需时变约束[42]。

部分学者研究了模糊需求下的物资分配问题。谢巨秉(Sheu J. B.,2007)考虑了需求的模糊性,进行优化处理以获得最优分配方案[43]。李双琳等人研究应急资源配置问题时,构建了基于需求的随机性的优化模型,以实现救援时间最短和需求未满足率最小[44]。石锐考虑到将物资需求作为模糊变量处理,构建了物资分配优化模型,并通过算例证明模型的有效性[45]。艾云飞等人考虑了模糊需求下的物资分配模型,并基于遗传算法进行求解[46]。

此外,还有一些研究提出对不确定需求进行鲁棒优化处理。张志霞等人考虑应急物资的需求不确定性,构建了以总时间最短和以总成本最小的多目标优化模型,并应用鲁棒优化方法协调模型的最优性与鲁棒性,并通过算例验证了模型的可行性[47]。张玲等人在研究应急物流资源配置问题时,考虑到灾害发生时需求是不确定的这一因素,各个受灾点对不同种物资的需求存在一定的波动,难以做出精准的预测,因此将灾后各受灾点的物资需求量做区间值处理。根据各个灾区的人口密度、经济发展水平等条件,对物资的需求量给出大致的区间估计,建立了基于不确定需求的资源配置模型,并且利用鲁棒优化算法对模型求解[48]。

1.3.4 应急物流运输调度

1.3.4.1 应急物流车辆调度研究

国外将车辆调度问题归结为 VRP（vehicle routing problem）和 VSP（vehicle scheduling problem）。在许多场合，人们也将 VRP 问题划分为 VSP 问题。严格意义来讲，VRP 问题研究的是车辆行驶路线的设计和规划，而 VSP 问题研究的是车辆作为运输资源如何配置的问题[49]。本书依照惯例，不严格区别这两个问题。

车辆调度问题最早由丹和拉姆瑟（Dantzig & Ramser，1959）提出[50]。该问题被提出以后，在运筹学和组合优化领域广泛研究，并引起数学和计算机等学科的极大重视[51]。它一般定义为：在区域内分布着若干个发货点或收货点，设计并规划合适的行驶路线，使车辆在满足一定约束（载重量、容量、距离、需求量、时间要求等）下，依次经过这些发货点或收货点，从而达到一定的目标（路程、时间、成本或调度车辆数最少等）[52]。随着研究的深入，车辆调度模型由基本车辆路径问题的单目标向多目标、单阶段向多阶段以及单车场单车型向多车场多车型研究转变。

（1）多目标车辆调度问题研究状况

学者曾晋皓以费用最少、总配送时间最短、需求点满意度最优为目标建立多目标模型[53]。谢巨秉研究了灾害发生后，基于供应点、配送中心、需求点三级的物资供应体系实现救援物资配送的过程。目标是上层结构满足运输成本的最小化，下层结构满足配送成本最小化、满足率最大化两个目标，并且通过加权求和将双目标转变成单目标实现[54]。布尔库巴尔切克（Burcu Balcik，2008）研究了应急物流末端运输问题，并建立了考虑多个周期的多目标整数规划模型，目标是总成本（运输成本和延迟惩罚成本）最小[55]。黄（Huang，2012）采用集合分割公式构建了适用于运输成本最少、到达时间最短、服务水平差异最小三个目标下的车辆路径优化模型，最后做了对比分析[56]。

陈森等人同时考虑抢修损坏路段和应急物资配送路径两方面，建立了实现最优路网的抢修决策和物资未满足率最小的车辆路径优化决策的联合优化模型[57]。陈钢铁研究了不确定信息（需求不确定、行驶时间不确定）下的车辆调度问题，以车辆调度总时间最短为主要目标，以需求满足量最大为次要目标[58]。戎晓霞在研究应急车辆调度中引入可挽救性的概念并建立了可挽救性量化的度量模型，然后建立了可挽救性最大化和应急救援时间最小化的双目标车辆调度模型[59-60]。陈钢铁研究了车辆行驶时间不确定情况下的应急物资配送问题，并建立了以车辆调度总时间最短为主要目标，需求满足率最大为次要目标的数学模型[61]。詹沙磊考虑了需求和配送道路的不确定性，建立了车辆选址、路径选择和配送同时实现求解的多出救点、多物资、多车型的多目标优化模型[62]。杨海强在车辆调度基本模型的基础上，建立了响应时间成本最少和需求未满足率最小的带权重的车辆调度模型[63]。

（2）多阶段车辆调度研究状况

雷尼莫斯捷（Rennemo，2014）为突发事件发生后的快速响应，提出了一个考虑配送中心开放、物资分配和配送三个阶段的混合整数随机规划模型[64]。石彪研究了突发事件发生后，短期内运输车辆不足的情况，建立了允许车辆往返后再次运输的两阶段车辆调度模型，以全局完成时间最短为目标[65]。夏红云采用网络流理论建立了有时间窗约束的多次、多阶段的动态应急车辆调度模型，以灾区需求满足量最大、延迟成本最少为目标，并采用两阶段启发式算法求解[66]。段晓红（Duan Xiaohong，2015）等人分别以应急车辆调度响应时间最短和再配置时间最短为目标建立双层规划模型[67]。段晓红研究了城市交通事故下的应急车辆调度问题，并建立了分别以路径规划的车辆调度和以非合作博弈理论为基础的应急车辆再配置的双层规划模型[68]。刘波建立了考虑道路可靠性、行程时间可靠性和受灾点需求不确定情况下应急车辆调度鲁棒双层优化模型[69]。

(3) 多车场多车型车辆调度研究状况

余波（Yu B., 2011）通过增加一个虚拟中心仓库,将多车场的 MDVRP 问题转变成为单车场的 VRP 问题并提出一种改进的粗粒度并行策略蚁群优化算法进行求解[70]。维达尔（Vidal, 2012）等人提出了一个混合遗传算法框架,解决多车场的车辆路径问题、周期性的车辆路径问题以及有车辆容量及道路容量限制的多车场周期性的车辆路径问题[71]。凌赫（Ling, 2017）同样通过引入虚拟仓库,将多仓库 MDVRP 问题转化成单仓库 VRP,并建立带软时间窗的多车场开放车辆路径问题,然后采用了一种结合 2 - opt 法的参数自适应蚁群算法来解决该问题[72]。

钟石泉提出了处理多车场问题的两种方法并且研究了多车场车辆调度问题中车辆容量、多车型和时间窗等约束的处理方法以及设计了禁忌算法求解[73]。熊浩分别建立了以油耗成本最小和路径最短为目标的多车型的动态车辆调度问题模型,并设计遗传算法求解[74]。王晓博研究了同一个客户即集货配送的多车场多车型取送混合的车辆调度模型,并且设计遗传启发式算法进行求解[75]。马建华研究了应急管理背景下,以完成时间最小为目标的多车场多车型车辆路径优化的变异蚁群算法[76]。马宇红建立了以配送成本最小为目标的多车场多车型车辆调度模型,在配送成本中考虑了运输费用和司机工资支出费用[77]。

(4) 应急车辆调度研究述评

综上所述,目前对应急车辆调度的研究较为广泛和深入,在应急物流追求的时间短、满足率高等方面也有较为充分的研究[78];对于多阶段的研究,不论是物流过程的多阶段还是应急时间的多阶段也都较为深入[64]。然而这些车辆调度的研究大多是针对非满载的 VRP 问题的研究,而在突发事件发生后,灾区的物资需求量具有不确定性。尤其是大规模自然灾害,短期内灾区对物资需求量巨大,而现行研究中配送式 VRP 问题的车辆调度方案往往不能满足灾区对物资的需求。对于灾区来说,可能需要多辆车共同运输物资,才能满足其需求。而对这种满载的多车场多车型车辆调度问题研究的相对较少。

1.3.4.2 考虑多种运输方式调度研究

（1）单种运输方式的调度

诺特（Knott，1987）最早研究了应急救援食品运输的车辆调度问题，并以运输成本最小和灾区食品满足率最大为目标建立车辆整数规划模型[79]。巴巴罗索格鲁等人（Barbarosoglu et al.，2002）研究了应急救援中的直升机调度问题，并建立上层以直升机和飞行员配置决策，下层以路径规划和货物装载决策的双层规划模型[80]。巴巴罗索格鲁（Barbarosoglu，2002）以直升机派遣为研究对象建立了灾后两阶段、多种应急物资的网络流随机线性规划模型[81]。

夏正洪研究了突发事件后航空救援的可行性问题并建立可行性矩阵，在此基础上提出了多直升机多目标分配的算法[82]。唐志星从民航应急角度出发，研究了多出救机场多受灾机场多种类应急物资的调度问题，考虑受灾机场保障能力的约束，以应急时间最短为目标建立航空应急物资调度模型[83]。李桂香研究了民航应急中多供应点多需求点多种类物资的调度问题，并建立多目标规划模型和采用遗传算法求解[84]。邵荃以运输时间最小和救灾效果最大为目标，建立了考虑飞机性能和应急物资数量约束的多机场协同应急物资调度的多目标模型，并采用改进元胞遗传算法求解[85]。

（2）多种运输方式的联合调度

在考虑多种运输方式的联合调度中，主要有两种形式，纵向接力联合调度和横向分流联合调度。

①多种运输方式纵向接力联合调度。胡志华（2002）建立了两点之间的集装箱多式联运的整数线性规划模型，来实现应急物资的调度，目标是运输成本和运输时间最小化[86]。奥达马（Özdamar，2004）将应急物流看成一个多周期多物资网络流问题，构建了考虑不同运输方式效率的混合整数规划模型[87]。纳加菲（Najafi，2013）为解决地震后救援物资运输及伤员运出的问题，建立了同时考虑多周期多种物资多种运输方

式多目标的随机数学模型，并在求解时提出一种鲁棒方法[88]。王涛构建了一个多式联运虚拟运输网络和考虑多种运输方式组合的优化运输模型，并给出了求解算法[89]。陈雷雷为了使有限资源达到整体最大满意度，在考虑各需求点对物资需求的紧急程度不同的基础上，构建了多时段动态变化的多物资多运输方式多车辆调度的应急物资优化模型[90]。

总运输时间和总应急成本常常是这类问题要考虑的目标，当然也有学者基于这两个目标建立了多目标的模型。张家应考虑了运输任务对时间和成本的要求不同，以时间最短和成本最低为目标，构建了军事联运运输方式组合的优化模型[91]。王海军研究了大规模突发事件下的应急物资调度的问题，以运输总时间和成本为目标，建立了考虑三级物资供应网络、需求不确定、多种运输方式联合运输的多目标非线性整数规划模型[92]。王婧在考虑了运力约束、物资数量约束和运输方式转换约束下，以系统损失最小为前提，建立了多式联运的模型，实现应急时间和成本的均衡[93]。

②多种运输方式横向分流联合调度。缪成认为应急物资运输就是多种物资多起止点网络流问题与多种运输方式满载的运输工具调度问题的结合，并使用延期成本和划分时段的方法建立多目标整数规划模型[94]。杜洁以配送时间最小化为第一层目标和以满足时间最小前提下最小化运输成本为第二层目标，建立双层目标的数学模型[95]。有些学者针对直升机和汽车在应急资源调度联合使用的问题进行了相关的研究。宫华考虑了不同应急物资运输的要求，提出了采用直升机和汽车联合运输的方式，建立了需求满意度最优和运输成本最少的多目标模型[96]。陈钢铁考虑了应急物资调度、受灾区道路受损及其修复过程，联合运用直升机和车辆进行应急物资配送并建立数学模型[58]。

③考虑多种运输方式调度研究述评。在单种运输方式的调度研究方面，除了传统的应急物流的车辆调度外，直升机或无人机因其速度快，不受道路损坏的影响，而受到研究学者的关注，并建立相应的优化模型。在多种运输方式的联合调度研究方面，分为了纵向接力联合运输和

横向分流联合运输两种形式[97]。纵向接力联合运输往往涉及供应—中转—应急配送中心三级网络,在每个网络中的任意两点之间只能选择一种运输方式,在中转点可以进行换乘转运,从而实现运输网络全过程多阶段的多种运输方式的联合运输;而目前对横向分流联合运输研究中,还是以运输方式选择或者组合为主,而对于具体不同运输工具调度的研究较少。文献[96]虽然是研究车辆和直升机共同调度的问题,但其研究的情景依旧是单出救点多需求点的 VRP 问题。而实际突发事件后的应急物流车辆调度常常是多出救点多需求点的车辆调度问题。

1.3.5 车货匹配

本书对于车货匹配问题研究重点从车货匹配模式、车货匹配影响因素、车货匹配模型研究等,与本书研究内容相关的方面进行文献综述。

(1) 车货匹配模式分析

匹配问题最早由盖尔(Gale,1962)和莎珀勒(Shapley,1962)提出[98]。之后,詹森(Janssen,2008)等人利用定性方法分析了匹配机制在运输市场的潜在优势,并建立了供需匹配模型[99]。随着互联网发展和车货匹配平台的建立,车货匹配问题(Vehicle & Cargo Matching, VCM)更成为人们热议的话题。在车货匹配模式方面,丁晓东从车货匹配运营角度出发,指出目前典型的车货匹配模式包括指派、抢单、竞价三种[100]。在其基础上,刘丹霞从平台定位和匹配主体角度出发,认为车货匹配模式大致可概括为简单车货匹配模式、整车模式、虚拟车队模式等,并创新地提出智能匹配模式,智能匹配模式是利用平台车源和货源大数据信息利用模型算法进行精准车货匹配[101]。胡觉亮以货车帮为例分析了车货匹配模式有三种分别是:主动筛选模式、被动模式和推荐模式[102]。但从本质上看,车货匹配模式可以归结为随机指派模式、抢单模式、竞价模式和智能匹配模式四种。

（2）车货匹配影响因素

从影响车货匹配的因素来看，牟向伟认为车辆运力、货物需求量、车辆与货物间距离是车货匹配的重要影响因素[103]。蓝启明等人根据货物类型及属性、出车地点等多因素，构建智能匹配模型去解决车货匹配问题[104]。张青杰认为车辆与货物的匹配既要保证重量、体积、长度等硬性指标外还需考虑货物的性质[105]。彭赛尔（Punel，2017）等人通过实证分析了货主对物流平台偏好程度的因素，短距离运力需求货主偏重对车主绩效透明监控和速度，远距离运力需求的则更看重车主的专业和经验[106]。李建民等人在研究车货匹配中混合装载及货主挑选车主过程中涉及的问题时阐明了影响车货匹配的重要因素：配送价格、车辆实载率、车主可信度[107]。埃尔南德斯等人（Hernández et al., 2011）讨论了中小型零担货运确定性动态配载协作问题，利用分支界定法求解，并指出货量不稳定情况下，车辆空载率、空载容量和能源成本上升，LTL运营商的运营利润很低，应加强运营商合作提升容量利用率[108]。席尔摩拉（Hilmola，2016）认为车辆的剩余空间和车辆利用率对于运输服务匹配来说具有重要影响[109]。张锦认为物品数量、到达时间、物流成本对物流供需匹配具有影响[110]。

（3）车货匹配模型研究

从车货匹配模型来看，贾兴洪等人针对车货匹配平台中多用户接入问题，构建了交易博弈模型，提出减免单归属用户交易费可导致多归属用户向单归属用户演化[111]。朱江洪为了解决车货匹配双方以不确定语言评价表征属性信息的最优匹配问题，提出了一种基于加权不确定语言Bonferroni平均算子和双边匹配理论的车货匹配决策方法[112]。邢大宁、赵启兰等人构建车货匹配物流信息平台定价模型，为其决策提供支持[113]。郭静妮建立货源方和车源方双方评价指标体系，并以双方满意度最高为目标函数，利用模糊群决策方法研究车货匹配问题[114]。陆慧娟通过SaaS和CSCW技术构建了车货匹配系统，并研究了基于多实例Agent/CSCW、具备强化学习特性的SaaS系统架构，提出将禁忌搜索算法作为车货匹配算法进行求解[115]。梅萨－阿朗戈河等人（Mesa - Arango R.，2013）为了增加货物托运人和承运人的利润，并减少双方货运费用，通过合并投标形式，进行货物和车辆整合匹配，取得规模效应[116]。侯尔曼（Hofman，2016）通过语义技术解决车货双方语义障碍和实现信息匹配，从而强化双方合作来提高车辆利用率[117]。李慧将匹配指标划分为硬、软指标，以匹配度最大为目标构建了多目标匹配排序模型[118]。温兆康等人通过基于供需匹配情况，构建物流配送网络的广义费用综合权模型[119]。牟向伟考虑车辆运力、货物需求量、车辆与货物间距离因素，以匹配率最高和成本最小为目标[103]。庄（Zhuang，2018）认为车货匹配问题是典型车辆路径和装载的联合优化问题，考虑配载与运输环节的现实约束，以整体运输成本和效率最优化为目标，建立车货匹配模型，并求解出了匹配方案[120]。胡觉亮通过对车货双方信用评价，并在此基础上以成本最小为目标，建立了一对多车货匹配模型[102]。

(4) 车货匹配问题研究述评

通过文献综述发现，国内外学者从不同的研究角度对车货匹配模式进行了分类，但从本质上来说，车货匹配模式可以分为抢单模式、竞价模式、随机指派模式和智能匹配模式。结合属地应急管理的特性，本书在进行车货匹配模式选择时选用智能匹配模式。此外，通过文献综述可知影响车货匹配的因素较多，但同时将货物重量/体积、车辆额定载重/体积、货物/车辆所在位置、运输时间、车辆类型、车辆行驶速度等因素同时考虑进行定量分析的研究较少，本书在进行车货匹配研究时综合考虑多种影响因素。在车货匹配模型构建方面，目前国内外学者利用定性方法从车货匹配评价体系方面对车货资源筛选和信息匹配方面的研究比较多，少数学者运用定量方法从整体最优角度构建车货匹配模型，本书选择定量方法对其进行研究。在构建车货匹配模型构建时，目前研究中多是考虑运输网络正常情况下，以车货匹配成本和车货匹配满意度为目标函数进行模型构建。结合应急救援情况，本书在车货匹配模型构建时，主要考虑运输网络异常诸如设施损毁、道路中断等情况，以响应时间最短和车货匹配满意度最大为目标进行模型构建。

1.3.6 物流决策集成

1.3.6.1 选址—路径—库存两两集成问题

近年来，随着灾害的不断发生，学者们对应急情况下的两两集成问题进行研究，在理论研究和实际应用上都已取得了一定的成果。

选址—路径问题（Location Routing Problem，LRP）在20世纪70年代末到80年代初得到真正的发展。由于自然灾害等突发事件可能造成设施损毁、道路失效的问题，柯西（Caunhye，2016）提出了在物资需求和设施状态不确定性条件下，两阶段选址路径模型[121]。针对应急环境的动态性，曲冲冲等人基于灾区实际状况，解决了应急物资配送中心选址与运输配送路径优化的多目标动态救援问题[122]。一般物流系统中往往追求利润最大化，而应急物流中更强调时间的紧迫性。徐琴建立了以总的应急救援时间满意度最大为目标的LRP模型[123]。

库存—路径问题（Inventory Routing Problem，IRP）即在路径选择时，考虑库存的影响进行决策。里奈等人（Linet，2004）选用车辆为救援物品，考虑在供应物资数量有限情况下，建立应急物流规划的多阶段线性规划模型和整数规划模型[124]。2000年之后，IRP逐渐引起国内专家的注意。刘娇凤也基于灾后物资不足情况下的IRP[125]。张有恒则建立了物资需求的不确定性下的应急物资库存与路径优化模型[126]。

选址—库存问题（Location Inventory Problem，LIP）即在选址决策时，考虑库存与选址的相互影响进行决策。刘晓蕾以军事作战为背景，通过对设施点设置安全库存解决战时弹药需求不确定的问题，建立了以运输总距离和建设成本最小为目标的应急弹药选址—库存模型[127]。针对选址库存问题的NP-hard属性，学者们一般运用启发式算法寻求决策问题的满意解[128]。坦克雷德（Tancrez，2012）等人研究了三级供应网络中的选址库存问题，并使用改进的迭代遗传算法对问题求解[129]。

根据对应急物流选址—路径—库存的两两集成问题的相关文献整理，学习了应急集成问题中对救援目标以及物资不足等应急问题的处理方法。但还有学者指出设施位置、物资供给和车辆路线安排之间是相互影响的，应根据这种关系来进行综合优化与管理物流活动[130]。因此，仅针对两个要素的集成研究，不能从整体上对救援方案进行优化，还需充分考虑三者的集成优化研究。

1.3.6.2 选址—路径—库存三者集成问题

设施选址问题、路径规划问题以及库存控制问题是物流领域的三个重要问题。从20世纪80年代起，学者们逐渐意识到需要从系统的角度出发对CLRIP进行总体分析，目前，关注一般物流CLRIP优化的较多，而对应急物流CLRIP优化的研究较少，且大多数研究是从物流系统总成本最优角度出发，少数研究亦考虑了时间因素。

（1）一般物流CLRIP优化研究现状

国外关于集成物流系统优化的研究起步比较早，刘和李（Liu & Lee, 2003）最早开始对CLRIP进行研究，确定了初始解之后，采用禁忌搜索与模拟退火相结合的混合启发式算法克服了CLRIP的组合问题[131]。两年后，刘（Liu, 2003）和林（Lin, 2003）又重新构建LIRP模型，并提出了改进的全局优化启发式算法[132]。肯德戴和拉森（Kenderdine & Larson, 1988）从大幅度降低物流总成本的角度出发，构成一个由所有的物流活动集成在一起的物流系统[133]。由于物流环境存在动态性，学者们研究了带有不确定性的CLRIP。沈（Shen, 2007）针对客户的随机需求，构建了一个包括位置、库存和路径决策的供应链框架[134]。姜冬青基于需求及运输时间不确定的因素建立延迟时间最小的调度模型，建立了考虑库存费用的多阶段选址模型，得到了路径规划方案[135]。艾哈迈迪（Ahmadi, 2012）还考虑了多个种类的需求不确定的物资，运用了多阶段启发式算法进行求解[136]。崔广彬和李一军则考虑了多时期的随机库存策略，从物流系统双层规划的角度建立了CLRIP模型[137]。崔广彬和李一军还基于所采用的单时期模糊需求存贮策略，研究了单级多仓库的 CLRIP 模型[138]。艾哈迈迪和哈姆扎（Ahmadi & Hamzah，2014）等人将客户作为中转点，首次研究了带有转运功能的 CLRIP 问题[139]。由于 CLRIP 求解难度较大，大多数学者提出使用遗传算法或者混合算法来解决 CLRIP 问题。唐金环则提出了细菌觅食算法和粒子群算法的组合优化算法来求解 CLRIP 问题[140]。唐琼对 LIRP 研究发展历程和研究现状进行综述，针对一个生产基地，多个配送中心和多个零售商的供应链二级分销网络，设计了双层模拟退火算法求解模型，得到了客户的最佳订货周期及选址路径策略[141,142]。

上述文献虽从不同角度丰富和发展了 CLRIP 优化的研究，但只考虑物流系统总成本最小化问题，并没有考虑实际环境中，对时间的硬性要求，因此少数学者开始探讨综合考虑成本和时间因素的 CLRIP 优化问题。吕飞和李延晖发现备件物流系统对时间的要求极高，同时考虑了时间和成本对备件配送的影响，研究了带软时间窗的 CLRIP 优化问题[143]。马汉武等人在具有随机需求二级分销网络的前提下，建立了考虑时间紧迫性和交期稳定性的双目标 CLRIP 模型[144]。塔瓦其理（Tavakkoli，2013）等人同时考虑了时间和成本的最小化，构建了具有风险分担的三级供应链网络 CLRIP 优化模型[145]。

（2）应急物流 CLRIP 优化研究现状

随着突发事件的不断发生，学者们认识到选址、路径、库存决策在应急物流中的重要性，并开始重视应急情景下 CLRIP 问题的研究。魏和奥兹达玛（Wei & Özdamarb，2007）研究了救灾活动中多种物资医疗物资、专业救援设备和食品等物资配送的 CLRIP 问题，在伊斯坦布尔风险网格的地震情景中验证了模型的有效性[146]。梅特和扎宾斯基（Mete & Zabinsky，2010）将应急过程分为准备阶段和响应阶段，在准备阶段确定设施的选址，在响应阶段确定物资的分配和路径的规划方案[147]。国内学者对应急 CLRIP 的研究起步较晚。葛洪磊和刘南认为受灾点的重要信息可以实时获取，基于了灾害等级、时间和空间、运输道路损毁情况等多维不确定信息建立了两阶段随机规划模型[148]。随着研究问题的复杂化，单目标的应急 CLRIP 已经不能满足实际需求，礼萨伊马-扎克（Rezaei-Malek，2016）考虑了应急物资的保质期有限，提出了一个双目标模型，并将 RLTP（The Reservation Level Tchebychev Procedure）作为一种交换方法用于伊朗的实际案例研究中，验证了该模型的重要性和 RLTP 方法的有效性[149]。

根据以上对 CLRIP 相关文献的梳理，可按物流网络级别、设施数量、物资流向、变量特征、设施容量、时间约束、车辆种类、库存策略类型、决策目标数量、计划周期等多个分类标准对 CLRIP 进行分类，具体分类汇总，如表 1-1 所示。

表 1-1　　　　　　　　　　CLRIP 的分类

分类标准	类型
物资种类	单一种类、多种类
变量特征	需求确定、需求不确定
设施容量	有容量约束、无容量约束
时间约束	有时间约束、无时间约束
车辆种类	单一种类车辆、多种类车辆
计划周期	单周期、多周期
求解算法	单一算法、混合算法
物流网络结构	单级、多级
决策目标数量	单目标、多目标
库存策略类型	连续检查策略、周期性检查策略

本书借鉴学者研究物流决策集成问题时考虑的不确定性和环境动态性，认为属地特点下的应急物流 CLRIP 更应该注重时间紧迫性、物资多样性以及多目标性，因此，本书考虑多种类物资，构建了总时间最短为第一目标、总成本最小为次要目标的多目标模型。针对属地环境动态变

化的特点，采用学者处理应急动态问题的一般方法，在实时掌握受灾点的需求量、属地道路状况的前提下，在时间上进行实时动态决策。同时本书提出了适合求解多出救点、多中转点、多受灾点的混合算法。

1.4 研究方法

（1）文献研究法

通过梳理属地应急管理、应急物资管理与分配、应急物流运输调度、选址—路径—库存、物流网络优化等问题，发现突发事件发生后，对属地政府处理流程及方法认识不足，尤其灾后设施面临失效风险，加之应急物资管理缺乏信息共享，现有研究难以应对不同情况下物资分配，并且较少研究结合多种运输方式进行调度。因此本书对属地应急物流中选址、运输、路径优化与库存管理等问题进行优化。

（2）定性定量方法相结合

定性方法确定研究问题的基本架构，综合考虑模型的整体结构、层次以及影响因素等；定量方法将相关的指标等进行量化，使得问题能够以数学模型的形式体现。定性定量方法相结合既能反映问题的逻辑结构，又能直观形象地体现出模型的数学形式。

（3）实地调研法

通过实地调研，了解 R 地区属地应急的现状，包括应急物资、运输工具等存储信息，发现属地应急存在的问题。借助当地人口信息、以往灾害等级等信息，对需求数量进行预测，并通过对相关供给进行设定，构建解决问题的思路。

（4）遗传算法

遗传算法是 John Holland 在 1975 年提出的，首先，它模拟了达尔文自然进化论的思想，采用了遗传变异理论。在遗传算法中，问题所有的解都被编码成个体（染色体），并随机搜索解空间中的个体，形成初始种群；其次，根据问题的目标函数设定适应度值，并对每个初始种群的个体进行适应度值评价，适应度较大的个体会被保留下来，否则将被淘汰；最后，选择出来适应度较大的个体再经过交叉、变异等操作后会产生继承父代优点的新的个体，并以此为初始个体继续计算适应度、选择、交叉、变异等操作，经过不断迭代，得到近似最优解。

在求解 NP 难问题时有很大的局限性，经典启发算法容易陷入局部最优解等问题。而遗传算法在全局搜索能力上表现更好，可以快速有效地搜索出全局最优解，而且遗传算法由于其自身的内在并行性有利于进行分布式计算，从而提高了求解的速度。因此，本书采用遗传算法设计求解思路和算法设计，其流程如图 1-1 所示。

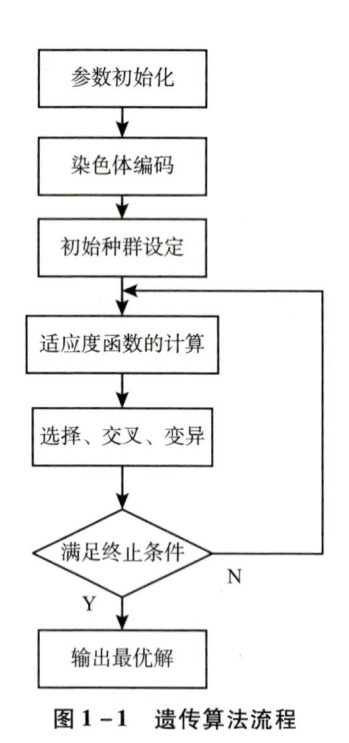

图 1-1 遗传算法流程

（5）系统建模法

它是研究中常用到的一种系统分析方法，是将现实中真实的系统抽象成对应的数学表法式。系统模型即系统建模所得的一个抽象的"映像"其中包括：系统输入、系统输出、系统状态变量及其间的函数关系，这一抽象过程称为模型的建立。本书要对应急救援问题抽象建模，根据系统运行流程及系统特点，将其物理系统抽象为具有一般性、普适性的模型，便后续对其进行更加深入的研究。

1.5 本章小结

首先，本章阐述了研究背景及研究意义，国家大力倡导分级负责、属地为主的应急管理体制，针对属地应急物流研究的理论还比较少，适用属地应急特点的物资分配、多种运输方式联合调度、选址—路径优化方面的研究仍存在不足；其次，从属地应急管理、应急物资管理、应急物资分配、应急物流运输调度、车货匹配问题、物流决策集成问题等方面进行国内外文献综述，通过梳理文献，发现了一些相似的研究，有一定的借鉴意义，但并不完全适用于属地应急物流管理；最后，介绍了本书主要运用的研究方法。

2

理 论 基 础

2.1 应 急 物 流

2.1.1 应急物流概念

国外在应急物流方面的研究开展较早,在研究的早期阶段,国外学者主要通过建立数学模型的方法定量分析研究,为完善应急物流理论奠定了理论基础。肯豆(Kenball,1984)和斯蒂芬森(Stephenson,1984)首次提出将物流管理方法应用到应急物资救援调度过程,以提高运输效率[150]。凯特(Carter,1992)首先提出将救灾物资适当分类和管理的思想应用到应急物资配送中,并指出在尽可能短的时间内将应急物资配送到最需要的受灾点,这就是应急物流最初的概念[151]。苏莱曼(Suleyma,2002)和威廉(William,2002)认为应急管理是一个多目标优化的问题[152],因此在应急资源有限的前提下,为实现应急资源的效益最大化,必须综合考虑应急资源的调度和分配。

我国学者开始重视应急物流方面的研究要起源于2003年爆发的重

症急性呼吸综合征（SARS）。高东娜认为应急物流是一种为了应对各类突发事件提供应急物资、救灾人员、救灾资金保障的特殊性物流活动，且具有突发性、不确定性、非常规性和弱经济性等特点[153]。

国内最早诠释应急物流定义的学者为欧忠文，他通过相关研究将应急物流定义如下：应急物流是指借助现代信息技术，以救援时间最小化和灾害损失最小化为目标，以提供自然灾害、重大事故等突发性事件所需应急物资为目的的特殊物流活动[154]。

我国的《物流术语》GB/T 18354—2006中，对应急物流（emergency logistics）的定义如下：针对可能出现的突发事件已做好预案，并在事件发生时能够迅速付诸实施的物流活动。然而，目前学术界对应急物流的定义尚未形成统一认识，基于上述定义的共同点是，认为应急物流产生的原因是突发事件，目标是满足紧急需求、提高运输效率、应急资源效益最大化，本质是物流活动或模式。

综合上述研究成果，认为应急物流是为满足突发事件对应急物资的紧急需求，对应急物资的紧急采购、包装、调度、运输、分配和信息管理，通过合理调度各种运输工具，将所需要的应急物资从供应点快速、安全、准确（物资数量和种类）地送达受灾点的全过程。

应急物流可以加快各环节的流通效率，保证应急物资的质量安全和及时供应，确保救援工作的顺利开展，保障灾民的生命和财产安全。通过应急物流运作，能够将灾区所需的食品、药品等应急物资准确及时地送达，减少因灾后物资短缺带来的人员伤亡，将灾害造成的损失降至最低。

应急物流还能够提高各级政府对灾害的防范意识，平时加强应急演练，模拟可能发生的各种灾害以及灾害造成的各种危害。加强应急物资储备，保证物资的质量安全和数量供应，以实现灾害发生后的快速响应，制定科学合理的救援方案，保障应急救援行动的效率和效果。同时，还能提高群众对灾害的预防意识以及灾后自救能力等，减少专业救援人员的压力，减少人员伤亡，增强救援效果。

2.1.2 应急物流特点

突发事件发生后,快速反应的首要任务就是第一时间将所需要的首批救灾物资和救援人员投送到受灾区域。保障首批救灾物资的顺利运输,是以合理的物资调度和分配、高效的运输方式共同实现的。由于灾害的突发性、紧迫性以及巨大的破坏性,给灾区造成了严峻的考验,使得应急救援行动必须迅速及时,还要具备精准性,这样才能在最短时间内满足灾民的需求,将灾害造成的损失降至最低。为了实现应急资源效益最大化、满足受灾区域对应急物资的紧急需求,需要深刻理解应急物流的特性。

（1）突发性

应急物流是应对突发事件情况下的一种特殊性物流活动,所以突发事件的突发性和不可预知性,就决定为之服务的应急物流也具有突发性的特点。

（2）不确定性

由于自然灾害、事故灾难、公共卫生事件等突发事件在发生时间、地点、种类、规模、影响范围等方面的不确定,使应急物流活动无法提前规划和准备,并且突发事件随着时间的推移呈现出动态变化,有些自然灾害还会产生次生灾害等情况。突发事件的不确定性和动态性,决定了应急物流的不确定性。

（3）时效性

由于自然灾害往往是突发的、破坏性极大的,在灾害发生的短时间内,灾区秩序是极其混乱的,极有可能出现因食物、药品等物资短缺而造成的人员伤亡。为了减少受灾地区的人员伤亡,要求应急救援行动必须迅速及时,作为支撑的应急物流也必须具有极强的时效性。这就要求物流活动中各环节的高效衔接、快速流通,从而提升整体物流运作效率,缩短应急救援时间。

（4）弱经济性

由应急物流的时效性可知，其首要目标是物流活动的高效率，而非成本。然而，物流效率与物流成本之间存在权衡关系，即高效率的实现必然伴随着成本的增加；反之，降低成本也会导致效率的下降。为了实现应急物流活动的高效率，还需加大资金投入，增设物流设施与设备，保障各物流环节的流畅，这会导致物流成本急剧增加。

（5）不可预见性

在科技高速发展的当今社会，人们尚不能精确预测出各类自然灾害的发生时间、发生地点，而只能尽量做好预防工作，这更体现出其不可预见性。并且突发事件随着时间的推移呈现出动态变化，有些自然灾害还会产生次生灾害等情况。因此，在平时需要做好应急救援的模拟演练，保障应急物资的数量和质量安全。同时还需保证信息传递的及时性、稳定性，确保灾害发生后，能够实现快速响应，实施高效精准的应急救援。

（6）非常规性

由于突发事件具有很大的危害性和短时间内迅速蔓延的特点，所以应急物流运作环节较简单，整个应急网络也较紧凑，许多一般物流中的环节和功能要素被去掉。除此之外，在遭遇大规模自然灾害时，军队及企业的运输工具和装备将被征用到应急物流过程中。

（7）多元主体性

应急物流往往对人、财、物等各种资源需求较多，因此，需要多个主体、部门和多个地区协同应对。政府是应急管理的主体，负责应急管理的指挥协调和调度，包括预防突发事件的国家物资储备、现场应急的救援以及灾后的重建等方面。然而面临大规模突发事件时，政府的应急资源往往是有限的，社会企业和公众的参与对政府主导的应急物流活动进行了有效补充。

2.1.3 应急物流目标

突发事件发生后，应急物流最终目标就是支持应急管理主体快速响应和采取处置措施，将灾区最需要的应急物资，快速、精准、高效地送达灾区，以最大可能抢救受灾人员生命和减少财产损失。为了保证应急物流活动发挥最大的价值，在应急物流系统设计时需要满足以下目标[155]：

（1）快速响应

上面分析了时间紧迫性是应急物流的本质特性，应急物流就是追求时间效益最大化。在最短的时间内，最大可能地满足灾区对物资的紧急需求。快速响应是衡量一个应急物流系统有效与否的关键，它关系到应急物流系统是否能够及时地满足灾区需要的能力。在突发事件应急处置中，应急物流快速响应能力和水平直接决定了整个应急管理的最终效果。

（2）满足需要

快速响应是突发事件对应急物流系统的严格要求和实现形式，而满足需要则是应急物流系统的主要内容。突发事件发生后，将受灾区域所需要的物资种类和数量快速送达灾区以满足灾区的紧急需求。与一般物流不同的是，在灾害发生初期，灾区对应急物资需求的种类和数量是无法准确获得的，只能通过预测、评估、大数据分析来推测灾区物资需求的种类和数量。只有将灾区最需要的物资种类和足够数量的物资及时送达灾区，才能最大化应急物流效益。

（3）最小偏差

突发事件具有突发性、不确定性、迅速蔓延性等特点，这就给应急物流需求预测增加了不稳定因素。而应急物流过程也包括预测、调度、运输、分配等环节，每个环节都有一定的风险和不可控因素。在这种需求不稳定和物资供给有风险情况下，最小化这种偏差，降低应急物流活动不确定性，提高应急物流准确性、可靠性和抗干扰性。

（4）降低成本

与一般物流活动相似，应急物流活动也会发生相应的成本，且随着时间要求越高，其成本也越大。我国是一个各类自然灾害、事故灾害等突发事件频发的国家，在应急救援中投入的资金也有限。突发事件的救灾全过程中并不总是时间越快越好、应急物资的数量越多越好，在资源有限前提下，满足灾区需求的时间要求，将合适种类和数量的应急物资送达灾区即可，发挥应急物资的效益最大化。在同时满足快速响应、需求和最小偏差三个目标后降低成本。这也符合一般的应急物流阶段，前期侧重于抢救受灾群众生命财产，中期侧重于维持受灾群众基本生活，后期侧重于灾后重建家园。

2.1.4 应急物流系统

应急物流系统能够实现灾后的快速响应，加快各环节流通，提升物流效率，确保应急物资保质保量快速地送达灾区，从而实现救援目标[156]。根据系统的内涵以及应急物流的概念，对应急物流系统做如下定义：应急物流系统是指为了实现快速响应、精准救援的目标，由各个要素、实体等组成的相互作用的有机整体，许许多多个有机整体又构成了更大的应急物流系统，旨在提供高效准确的应急物流服务[157,158]。

应急物流系统由政府部门、应急指挥中心、信息平台、国家储备库及企业等组成，其中政府部门是决策主体，应急指挥中心发挥指挥作用，国家储备库及企业等是执行主体。灾害发生后，应急指挥中心收到政府部门指令，迅速通过信息平台进行协调指挥。制订好应急方案后，指挥中心向储备库和企业发送指令信息，调运应急物资，并要求它们实时反馈信息。应急救援行动完成后，救援信息同样需要上传信息平台，为未来的应急救援工作提供经验。应急物流系统结构，如图2-1所示。

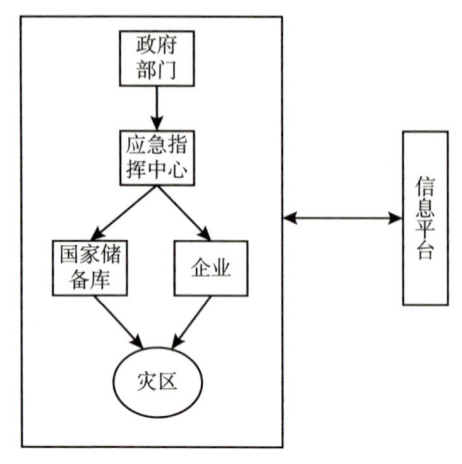

图 2-1　应急物流系统结构

2.1.5　应急物流关键问题

属地应急救援是最接近灾区的救援，直接影响灾民的生命安全和财产安全，物流过程中的关键问题有以下几点。

（1）应急物流配送中心选址

对于应急物流来说，应急物资配送中心选址是其中的关键问题之一，通常来说关于应急物资配送中心的选址问题分为两类：第一类选址是在自然灾害发生之前，主要是为了在灾害发生的时候能有充足的准备并减少灾害造成的损失，从而提前制订出应急配送中心选址方案，这类选址也考虑到了应急物流的成本问题，使得成本可以保持在合理的区间水平。这种选址具有长期性的特点，即一旦选址决定做出，该设施或者配送中心为某个地区提供相当长时间的应急救援服务、常见的消防设施和医疗机构等。第二类是在突发事件的发生造成了严重的人员伤亡和房屋倒塌，在短时间内需要大量的紧急救援物资而设定的应急物流配送中心。这一类选址主要是根据受灾区域当前的受损情况、灾区所需物资的数量和种类等以及后续的发展态势等信息，综合考虑之后科学合理地选择配送中心的位置和数量，进而保证对当前的受灾区域提供有效、及时的应急救援。这类问题的主要特点是选址大多都是临时的,在救援完成之后会被撤销。

在实际操作中,应急配送中心的选址问题根据实际情况有以下几种:①单个应急物资配送中心的设施选址;②多个应急物资配送中心的选址问题;③满足时间要求或者时间窗的应急物资配送中心选址问题。

目前,关于应急配送中心选址的研究,国内外学者已经进行了较为积极而全面的探索,有一些国外研究学者已经对这个问题有了实质性的研究,他们将选址中的理论成果应用于实际的突发事件中。从相关研究来看,对于上文中讲到的三种情况来说:第一种单个应急配送中心选址问题的求解,可通过转化为求图论中的绝对中心点问题来解决;对于第二种多个应急物流配送中心选址问题,目前大多是通过将其转化为其他问题来求解,通常是依靠在网络图中求解 P 个绝对中心点的位置来模拟求解应急配送中心的位置;对于第三种应急配送中心选址问题,一般是将其转化为集合覆盖问题来解决。

(2) 应急救灾物资调度

由于在救援的开始阶段,所能募集到的物资或者灾区附近储备的物资比较有限,因此在救灾的初始阶段,如何快速准确地将应急物资通过科学的调度运抵灾区,达到以最低限度的物资消耗、最大化地利用应急救援物资、取得救援效益最大化的目的是应急救援中亟待需要解决的问题之一。

物资调度不仅在救援的初始阶段非常重要,在救援的后续阶段,由国家救灾储备库和各类社会爱心捐赠的救灾物资会从各个地方运输过来。所以,如何科学地调度这些救灾物资,避免应急物资在灾区内胡乱堆放、浪费现象的发生,高效率地利用应急物资,也是应急物资调度所需要解决的重要问题。

通过总结相关文献,对于应急物资调度来说可以分为如下几类:①多个应急物资配送中心相互组合使用的确定型物资调度问题;②在某一个时间段内将所需应急救援物资运送到灾区的应急物资调度问题；③救援物资连续消耗条件下的应急救援物资调度问题；④多种应急物资的调度问题。

(3) 救援路线选择

突发事件发生之后，合理进行救援的路径规划是实施救援成功的重要前提，应急配送中心的选址是解决从哪里运出物资，应急物资调度解决的是如何安排物资分配，而路线规划则是解决物资如何运输的问题。对于普通物流来说，路径一般都是处于确定性条件下或者是处于静态环境下，这种情况下的路径规划就是在保证安全的前提下，合理科学地进行行驶路线规划，以达到成本最低或者时间最短的目的。但是对于应急救援路线的选择来说，外部环境很不稳定，路况处于动态变化中，经常出现由于次生灾害导致的道路中断情况，甚至还有可能出现一些应急配送中心损害而失效，而且这些情况都是难以预测的。

这里经常出现的情况就是，因为人为原因或者恐怖组织袭击造成某个地区的道路封锁，还有就是因为自然灾害造成的道路破坏、设施失效等情况。综上所述的各种情况下，对于决策者来说，救援行动就面临着一个重要问题：在外部环境处于动态变化的情形下，如何制定出科学合理的应急物资运输路线来应对信息"黑箱"的情况。与此同时，还要考虑设施可能存在的失效情况，选出满足条件的合理的救援路线以保证存在设施失效的风险下使得应急救援物资能顺利通行到达受灾区域。

在自然灾害发生之后，应急配送中心等设施的变化情况成为救援行动所需要的重要信息，应急物流设施失效与否将会很大程度地影响着应急物流系统的路径规划。所以，如何在考虑设施失效的基础上对应急物流系统的路径进行科学合理的规划，以使得救援路径安排更为符合实际、更为科学合理，成为建设良好的应急物资配送系统的核心之一。

(4) 属地物资库存控制

属地应急物资的库存控制是保障救灾工作的重要因素。灾害发生初期，各受灾点更侧重于利用已有物资进行自救。但是救援阶段后期，大量救援物资到达属地，若是不对物资进行合理控制，容易产生物资的积压浪费，保质期较短的食品等物资由于长时间堆积还会产生腐败，从而造成灾民肠道疾病等疫情发生的传播，对救灾工作和灾区群众的健康产生不必要的影响。库存控制不当造成的物资投送延误或者灾害后期库存积压、变质、浪费还会造成大量的经济损失。

属地应急救灾物资的库存控制应当由专门的设施点和管理人员根据实际情况进行合理安排。由于属地位置的特殊性，如果库存不足，会导致物资短缺，受灾点需求无法及时被满足，造成受灾群众的生命得不到及时的救助。如果库存过剩，则会造成物资堆积，资源浪费等问题，此时，救灾物资具有更大的救援价值意义。因此，本书采用连续检查的 $(S-1, S)$ 库存策略，受灾点发生需求立即补货至最优库存量 S，并采取循环配送的方式将物资投送至受灾点。

本书研究的属地应急物流选址路径库存集成问题可以描述为：在给定的多个潜在集散点中选出一系列可用集散点的位置，并确定从集散点到各个受灾点的路径方案，在已知供给和需求后，分配现有属地应急物资，得到物资分配方案，再基于复杂应急环境下所采用的随机存储策略，确定集散点最优应急物资存储数量。

2.2 应 急 物 资

2.2.1 应急物资概念

应急物资是指为应对自然灾害、军事冲突等突发公共事件应急处理过程中所必需的保障性物资。广义上，在突发事件应对的过程中所用的物资可以称为应急物资[159]。

应急物资对于应急救援意义重大，是实施应急救援的基础，它决定着应急物资分配的效果。灾害发生后，政府迅速响应，统筹资源，快速精准投送应急物资，满足灾区需求，能够增强救援效果，保障灾民的人身安全。此外，灾后恢复阶段也需要应急物资发挥作用，实现灾区的快速重建。

2.2.2 应急物资分类

应急物资需求具有多样性，各受灾地区对于物资的需求并不是单一的一种或几种物资，而是多种类、多数量的。不同物资间存在着较大的差异，需要分别进行管理，否则会出现各种问题，不利于应急救援行动的实施。所需物资主要包括救援设备，否则会出现各种问题，不利于应急救援行动的实施。所需物资主要包括救援设备、医疗用品、生活用品等几大类，每大类可进一步细分为很多小类，例如生活用品可细分为饮用水、食物、衣物等。实施救援行动时，不仅需要满足灾民对应急物资数量的需求，还要最大限度地满足对应急物资种类的需求。因此，需要进行物资分类，细化品类，便于储存和流通。

针对应急物资的分类，国家制定并颁布了《应急物资分类及产品目录》，对应急物资的分类标准进行了规定。按用途进行划分，可将应急物资分为防护用品类、生命救助类、生命支持类、救援运载类、临时食宿类、污染清理类、动力燃料类、工程设备类、器材工具类、照明设备类、通讯广播类、交通运输类、工程材料类十三大类，每一大类还可以细分为其他小类，每小类则包含了具体的产品目录。

此外，按使用范围进行划分，可分为通用类和专用类[160]。通用类物资非常重要，例如食物、水、药品等物资，是灾区最普遍的需求，能够满足灾民最基本的生存需求，对几乎所有类型的灾害都具有适用性。

而专用类物资则与通用类物资相反,要针对不同的灾害及灾情,具体情况具体分析,来确定专用类物资的使用情况。如发生传染性疾病所需的专用药品,发生洪涝灾害所需的救生艇等。

2.2.3 应急物资管理运作

妥善的物资管理能够降低外界因素的影响,保证物资质量,确保灾害发生后物资的正常使用。因此,应急物资管理的概念可以做如下阐述:应急物资管理是对应急物资在筹措、储存、分配和投送的全过程进行计划、组织、协调和控制[161]。

应急物资的管理不仅存在于灾后救援阶段,同样存在于灾前准备阶段,贯穿应急救援的全过程,即"平急结合"战略,主要包括应急物资的储存、筹集、分配等环节。对应急物资进行妥善地保管、科学地管理,可以确保物资的质量安全,在灾害发生后迅速响应,使宝贵的物资发挥出最大的效用,降低灾害损失。

(1) 应急物资储备

对应急物资进行一定种类、一定数量的储备,并按照各自的特性分类妥善保管,确保应急物资的质量安全。灾害发生后,需要对储备的应急物资进行分配调度。如果应急物资储备工作完成得高效及时,则应急指挥中心能够快速响应,迅速调度物资,大大提升应急救援的效率,缩短救援时间,减少人员伤亡;反之,如果应急物资储备工作完成不充分,则会造成很大的物资缺口,不利于应急救援的快速精准实施。

(2) 应急物资筹集

在应急救援前期,由于道路损毁、通信中断等影响,使得信息传递不及时,无法实时更新,对于灾民所需要的物资种类及数量,不能做出准确地计算,只能在有限的信息基础上,加以经验判断,对物资需求进行预测,据此进行物资筹集。在救援后期乃至重建阶段,通过救援人员和设备对灾情信息的采集，以及对通信网络的修复，此时收集的信息是实时完备的，在此基础上可以准确地分析出灾区的需求，根据物资需求信息，筹集应急物资。

（3）应急物资分配

应急物资分配是应急物流的关键环节，科学合理的分配方案会大大增强救援的效果。根据需求信息，将应急物资统筹规划，制定合理的分配方案。同时，政府还需强化自身能力，发挥主导作用，并加以企业的辅助。应急物资分配能实现快速精准救援，在最短的响应时间内实现最大的救援效果。

（4）应急物资投送

灾害发生后，为实现快速响应，对应急物资需求进行分析，结合应急物资的储备以及筹集，制订科学合理的分配方案，紧接着就要进行应急物资投送。投送过程中，会对车辆调度、装卸搬运、配送路线等进行优化配置，选择最优的方案，以期在最短的时间内将应急物资送达灾区，满足灾区需求，缓解灾情，如图 2-2 所示。

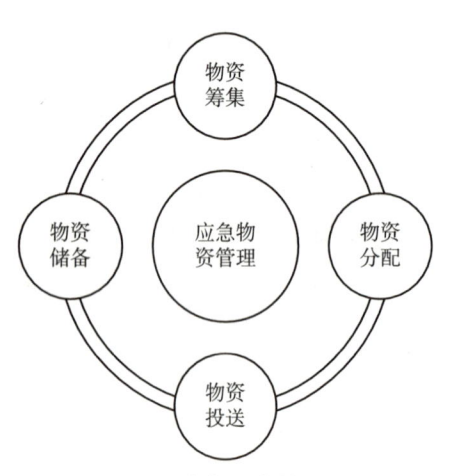

图 2-2 应急物资管理运作

2.3　应急物资分配

2.3.1　应急物资分配概念

应急物资分配,是指将应急物资遵循一定的分配规则,按照一定的分配方式和分配数量分发给相应的灾区的物流活动。应急物资分配在整个应急物流环节中占据着重要地位,关系到物资能否保质保量送达灾民手中。合理的应急物资分配不仅能保证应急物资送达的及时性,更能保障物资分发的精准性,最大限度地发挥应急物资的效用,提高整个应急物流过程的效率。

2.3.2　应急物资分配特征

应急救援的特殊性,决定了应急物资分配与普通物资分配有着不同之处。

（1）时效性

自然灾害巨大的破坏力,造成道路损毁、通信中断等,灾区处于一片混乱,使得灾民处于极大的危险之中。救援物资早一秒送达,可能就会多挽回几条生命,或减少一大笔经济损失。因此,应急物资分配就具有时效性这一根本特性,分配工作必须做到及时高效,这样才能最大限度地保障灾民的生命和财产安全。

（2）不可替代性

应急救援行动中,灾民所需的物资是多样化且不可或缺的,基本都是水、食品、药品等不可替代的物资[162,163]。一旦出现短缺,灾民的生命安全就会受到很大的威胁,造成灾情进一步扩大。鉴于应急物资分配的这一特性，必须最大限度地满足灾区的物资需求，减少人员伤亡，同时鼓舞灾民战胜灾害的决心。

（3）实时性

随着时间的推移，由对灾情监测或灾区上报等途径，灾情信息也由"黑箱"状态转为"灰箱"状态最终转为"白箱"状态，信息一直处在持续更新状态。这就要求应急物资分配保持实时性，根据实时更新的灾情信息制定合理的分配方案，做出正确决策，发挥应急物资的最大效用，减少灾区损失。

2.3.3 应急物资分配过程

应急物资分配过程中需要进行灾情信息收集，并对收集到的信息进行处理；统筹应急资源，统一调度，科学规划；制定物资分配方案，包括物资分配的种类和数量等；分配方案实施，即分配方案的具体执行。

（1）灾情信息收集

灾害发生第一时间内，道路损毁、通信中断，造成信息传递的滞后，此时救援工作处于"黑箱"状态。在完全不了解灾民需求的情况下，为更好地开展救援工作，必须进行灾情信息收集，对收集到的信息进行处理，在此基础上对物资进行调度，才能避免救援的盲目性，做到有的放矢，避免因救援工作不及时、不充分而导致的灾后损失，及时解决灾民的需求，最大程度降低灾区的人员伤亡。

（2）统筹应急资源

应急资源是非常有限且宝贵的，因此在实施应急救援行动时需要统筹应急资源，进行资源整合，合理规划，统一调配，从整体的角度出发，公平合理地进行物资分配活动，避免出现受灾点分配的应急物资超出该点的需求，或者受灾点没有分配到物资的现象。完成应急资源统筹后，将各类资源分类管理，根据实际需求合理分配，使有限的物资发挥出最大的效用。

(3) 制订分配方案

在收集灾情信息、处理反馈信息以及统筹应急资源完成后，就需要统筹可用的救援物资，按照各受灾点的实际受灾情况、建筑物损毁情况、人员伤亡状况、物资稀缺程度等制订物资分配方案。物资分配方案包括物资分配种类、数量等。大多数情况下，国内开展应急救援工作都是基于平均的原则，并没有考虑到各受灾地区实际受灾情况、受灾群众伤亡状况、物资需求稀缺程度等因素，这就造成了分配平均但分配不公平的现象。这是不利于开展救援工作的，很可能会导致灾民心理失衡，进而导致秩序混乱，严重影响救援工作的开展，甚至出现人为的破坏和损失。

(4) 分配方案实施

制订好应急物资分配方案后，就需要进行方案的实施。根据分配方案，将各类应急物资以一定的方式、一定的数量送达各受灾点，满足灾民的需求，减少灾区损失。在方案实施过程中，必须保证其及时性、精准性，同时还要保持一定的灵活性，能够根据灾情变化实时调整方案，确保分配方案不丧失可行性。

2.4 多种运输方式联合调度

2.4.1 车辆调度

2.4.1.1 车辆调度问题提出

车辆调度问题最早由但丁（Dantzig，1959）和拉姆瑟（Ramser，1959）提出[164]。国外一般将车辆调度问题归结为 VRP（Vehicle Routing Problem）和 VSP（Vehicle Scheduling Problem）。如前所述，本书依照惯例对这两个概念不做严格区分。

车辆调度问题是指：对空间内一系列收发货点，规划合适的车辆行驶路线，使车辆在满足一定约束下（载重量、容量、距离、需求量、时间要求等），依次经过这些发货点或收货点，从而达到预定的目标（路程、时间、成本或调度车辆数最少等）[165]。

2.4.1.2 车辆调度问题分类

随着国内外学者对 VRP 问题研究的深入，车辆调度问题的理论体系也在不断完善。根据其构成要素和分类标准不同，其问题的分类也不同。常见的分类依据有：物流中心数量、配送任务特征、车辆装载状况、客户需求特征、客户时间要求、车辆类型、车辆是否返回车场、优化目标数及调度阶段等几个方面分别分类[166]，具体的分类结果，如表 2-1 所示。

表 2-1　　　　　　　　　车辆调度问题分类

分类依据	分类结果
物流中心数量	单物流中心问题、多物流中心问题
配送任务特征	送货问题、取货问题、送取混合问题
车辆装载状况	满载运输问题、非满载运输问题、满载非满载混合运输问题
客户需求特征	确定性需求问题、随机性需求问题
客户时间要求	带时间窗 VRP 问题（分为硬时间窗、软时间窗）、不带时间窗 VRP 问题
车辆类型	单车型问题、多车型问题
车辆是否返回车场	开放 VRP 问题、封闭 VRP 问题
优化目标数	单目标问题、多目标问题
调度阶段	单阶段问题、多阶段问题

2.4.1.3 车辆调度优化问题

从研究出发点不同，车辆调度优化问题分为以车流为基础的模型和以物流为基础的模型，或者同时考虑两者组合的模型[167]。通常根据需求量和车辆容量的关系，分为两种情况：非满载车辆调度优化问题和满载车辆调度优化问题。非满载车辆调度优化问题是以物流为基础，考虑更多的是以单个车辆为研究对象，强调每个车辆路径优化问题；满载车辆调度优化问题是以车流为基础，考虑以一辆或多辆车运输为研究对象，强调多辆车如何安排优化调度问题。

（1）非满载车辆调度优化问题

此类问题是指单个需求量小于车辆容量时，可以使用一辆车去执行多项运输任务，即一辆车服务多个需求点。在运输中每次经过一个需求点，都要装卸货物，所以该车辆处于非满载状态[168]，其基本形式，如图2-3。

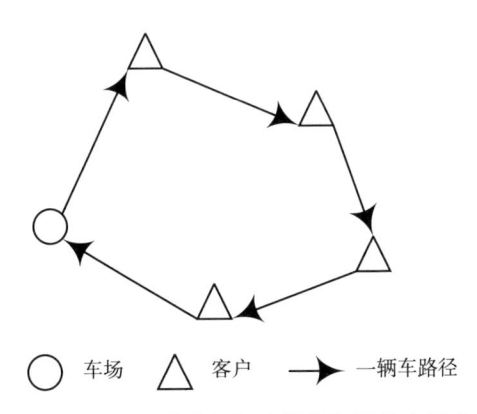

○ 车场　　△ 客户　　→ 一辆车路径

图 2-3 非满载车辆调度优化问题基本形式

根据任务特征又分为下面两小类：

①取货或送货的车辆调度优化。取货车辆调度优化，是指该车所服务的需求点全是取货任务，即运输车辆从车场空载驶出，到所有需求点装载完所有货物后返回车场；送货车辆调度优化，是指该车所服务的需求点全是送货任务，即运输车辆装载完货物从车场驶出，到所有需求点卸载完所有货物后空载返回车场。在取货或送货过程中，装载货物量总量受到车辆容量的限制。

②送取混合的车辆调度优化。送取混合的车辆调度优化是指，该车

所服务的需求点既有送货任务也有取货任务，即运输车辆从车场装载部分货物驶出，在送货需求点卸载货物，在取货需求点装载货物，直到完成所有的送货和取货任务。在送货和取货过程中，装载的货物总量同样受到车辆容量的限制。

（2）满载车辆调度优化问题

此类问题是指单个需求量大于车辆容量时，需要多辆车满载运输共同执行每项运输任务，即单辆车或多辆车服务一个需求点，其基本形式，如图2-4。

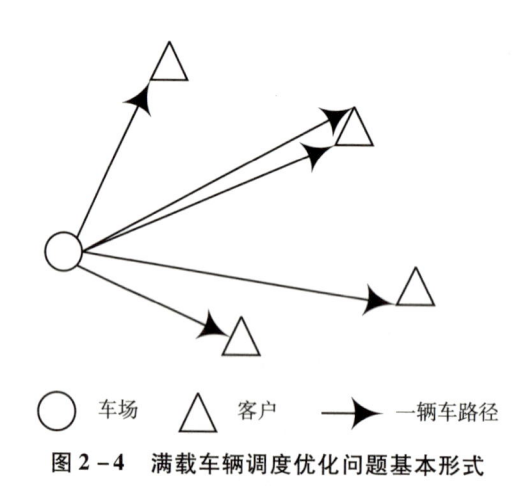

图2-4 满载车辆调度优化问题基本形式

根据任务特征，该类问题同样分为下面两小类：

①取货或送货的车辆调度优化。多辆运输车辆从车场出发到所要服务的取货点（或送货点）装载（卸载）货物后，返回车场。根据车场数目不同，又可分为单车场问题和多车场问题。

②送取混合的车辆调度优化。每个被服务的需求点都既有送货任务也有取货任务，多辆车装载货物从车场出发到达需求点，卸载完货物后将要运走的货物装载上车返回车场。当然，在这个过程中，如果是多车场多需求点问题，其难度更大，需要对每辆车进行优化调度，安排行驶路线。

本书研究的属地应急多种运输方式联合调度问题，是多供应点多受灾点应急物资已经分配完成之后，如何调度每个供应点运输工具种类和数量，实现应急物资运输过程。由于灾害发生后，短期内受灾点对物资的需求量巨大，需要多辆运输工具共同完成运输任务。所以，结合上述的分析，本书研究的运输工具调度问题是多车场多需求点多运输方式满载送货的调度优化问题。

2.4.2 联合运输

2.4.2.1 联合运输概念

联合运输在国际上有着多种表达方式。我国台湾地区称之为复合运输（multimodal transport）、综合运输（intermodal transport）、联合运输（combined transport）和一贯运输（through transport）。在国外的研究文献中，联合运输称为 combined transport。而在美国联合运输表达成 intermodal transport，其他地区则称之为 multimodal transport。

简而言之，联合运输简称联运，是指使用两种或者两种以上运输方式共同完成运输任务的综合运输方式，联运中常用的运输方式有海运、公路运输、航空运输和铁路运输。

2.4.2.2 联合运输特征

联合运输的目标是经济、合理、高效、快速地将物资运送到指定的目的地，其具有以下几方面特征：

（1）运输方式联合性

联合运输是综合运用海路运输、水路运输、公路运输、铁路运输、航空运输中的两种或两种以上的运输方式共同完成运输任务的方式。针对运输的区域跨度范围不同和追求的目标不同有不同的运输方式组合。例如，在国际煤炭贸易运输中，常使用海路—铁路联运的组合形式进行大批量低成本的运输；而在快递行业，在追求时间效益的背景下，常采用航空—公路联合运输的组合形式，提高运输速度。

（2）运输主体协同性

联合运输过程中除了收发货单位外，还涉及不同的运输企业和组织单位。联合运输的顺利实施，需要各运输企业、组织单位间，相互配合、高度协作、有效衔接，在统一章程和行业规则下，发挥各运输企业在所承担运输路段中的优势和作用。

（3）运输过程全程性

联合运输在不同运输路段和区域内由不同的运输企业承担运输任务，不管运输过程发生几次转换运输方式或者改变运输主体，均采用一次托运，一次结算，提供运输过程的全程性服务。

2.4.2.3 经济领域联合运输

经济领域联合运输，是指综合交通运输体系下，在运输全过程的不同区域路段、不同环节中采用两种及以上的运输方式，通过综合协调、有效衔接，按照一定的协议规章制度，发挥各种运输方式的优势，以经济、合理、高效、快速地完成运输任务的物流活动。在这个运输过程中，货主只需要使用一个运输凭证，便可使货物在不同运输方式之间衔接运输，送达指定目的地。

经济领域联合运输的内涵包括：

①运输过程中，货物必须装在集装箱里，且在整个运输和转运环节中，货物集装箱不发生拼装和拆分。

②联合运输不是一种新的运输方式，而是基于路网规模扩大、交通枢纽衔接完善的前提下，综合使用多种运输方式的新型运输组织形式。

③联合运输是使用两种及两种以上的运输方式，或者是由不同运输企业分别负责不同区域运输的运输形式，既是运输方式的联合也就运输企业间的联合。

④联合运输的运输企业间、运输企业与收发货单位、运输企业与各种运输方式以及各种运输方式之间保持高度协作，才能保证联合运输顺利运行。

因此，充分利用不同种运输方式的优势，综合协调各种运输企业运作和流程，发挥联合运输在降低成本、减少运输时间方面的特点。由联合运输的概念和内涵可知，经济领域联合运输的核心是"联合"，关键是"衔接"，基础是"协作"。

2.4.2.4 军事领域联合投送

联合运输应用到军事领域就是联合投送，是指军队单位同时或梯次运用国家、总部和军兵种两种及两种以上的运输力量，将作战人员、装备物资快速送达任务地区的军事行动，是战略投送的基本形态和主要方式[169]。联合投送高度依赖于海陆空铁运输网络，基本含义可以概括为"一个过程、两种形式、三种力量、四种方式"[170]。

"一个过程"，是指联合投送的过程是从部队出发地到任务地区的全过程管理和控制；

"两种形式"，是指同时或梯次使用不同的运输方式，分为横向分流联合投送和纵向接力联合投送；

"三种力量"，是指运用国家、总部和军兵种的海陆空铁运输力量，运输力量是联合投送的主要内容，具有军民融合、平急结合、三军一体的性质；

"四种方式"，是指综合运用海路运输、公路运输、铁路运输和航空运输两种及两种以上的运输方式，实现如铁公、铁水的联合运输等。

联合投送强调的是不同运输力量的联合，包括军地运输力量的联合、各军种间运输力量的联合，具体体现在多种运输方式的联合和运输组织的联合。毕海玲在研究运输网络优化设计时指出，传统的网络优化假设前提是两个节点间的运输量不可分割，也就是说两点间同一时刻只能选择一种运输方式。这种研究假设是不完全符合实际情况的。人员和装备分离运输，以及同时采用多种运输方式同时并行的综合运输非常常见，这种联合运输方式可以有效弥补各种运输方式的不足，提高投送效率、运输网络弹性和抗干扰性，同时也指出了这种研究建模及求解过程的难度[171]。

2.5 匹配决策

2.5.1 匹配决策概念

匹配决策理论最早起源于古典的婚姻匹配问题。国内外学者把美国学者盖尔（Gale，1962）和沙普利（Shapley，1962）提炼出的婚姻匹配和学生入学匹配决策问题视为匹配决策思想的萌芽[98]。匹配决策是指采用合理的匹配方法，在决策过程中充分考虑匹配主体的要求，最大限度地使主体间形成稳定的匹配对，使得拥有满意的匹配结果[172]。

在解决匹配问题，要考虑匹配主体，即设甲方主体集合为 $L = \{L_1, L_2, L_3, \cdots, L_l\}$，其中：$L_i$ 表为示集合 L 中的第 i 个个体；设乙方主体集合 $G = \{G_1, G_2, G_3, \cdots, G_g\}$，其中 G_g 表示集合 G 中第 g 个个体。匹配决策过程，如图 2-5 所示，L_i 会对 G 集合中的每一个个体给出相应的信息值，G_g 会主体 L 集合中的每一个个体也都给出相应的信息值。匹配主要依据这些信息值，以尽量满足主体要求为目标，获得最为合适的

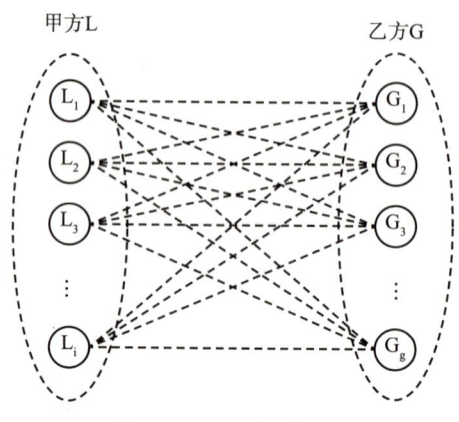

图 2-5 匹配决策过程

匹配结果 U = {(L_1, G_{P1}), (L_2, G_{P2}), (L_3, G_{P3}), …, (L_i, G_{Pg})}，其中 p_1, p_2, p_3, …, p_n 为 1 到 n 的自然数排列，(L_i, G_{Pg}) 为匹配主体对。匹配目的是确定节点匹配关系，使匹配结果尽可能达到整体最大，或者形成稳定匹配解。

2.5.2 匹配决策特征

目前，在实际生活中匹配决策理论已经应用于许多领域，例如人岗匹配问题、生源匹配问题、车货匹配问题等，其特征主要包括：

● 匹配决策中一般有两个不同但数量有限的主体。例如生源匹配中有学生和学校两方主体、车货匹配中的货源方和车源方等。

● 匹配决策中往往存在具有高公信力的第三方中介。具有高公信力的第三方中介通常可以保障匹配的公平性和有效性。同时第三方中介往往具有大数据云平台，因此有较强的信息收集和资源整合能力，可以帮助匹配主体进行良好沟通，从而提高匹配效率。但是，现实中也存在匹配主体的一方是具备有公信力的中介功能，例如肾移植市场中医院、招聘企业都拥有高公信力。

● 匹配决策依据是偏好信息。传统的匹配过程要求一方主体给出另一方的期望信息，然后依据各方主体给出偏好信息，采用科学的决策方法来获取匹配结果。

● 匹配决策需要决策目标。传统的匹配决策往往以各方主体均获得较高满意度为目标。但对于地位不对等的情形，可以以某一方为主要目标进行决策。另外，在特殊环境下例如战争、灾害环境，匹配主体在决策过程中应该统一目标，使得整体的匹配方案达到最优。

● 匹配决策是多目标决策问题。传统的匹配决策，需要考虑多个决策主体的满意情况，为此需要构建多目标优化模型。如果拥有以营利为目的的第三方中介或者特殊情况中有其他参与匹配决策过程的主体，还需要考虑第三方中介收益和其他主体的利益。所以，匹配决策是多目标匹配决策问题。

2.5.3 匹配决策分类

目前研究中按照匹配决策一方与另一方匹配数量不同,可以分为一对一、一对多和多对多三种匹配类型。

(1) 一对一匹配

一对一匹配(1∶1)是 L 集合中的每一个主体只能与 G 集合中的一个主体匹配。例如婚姻匹配问题中一位女士只能和一位男士进行匹配,如图 2-6 所示。

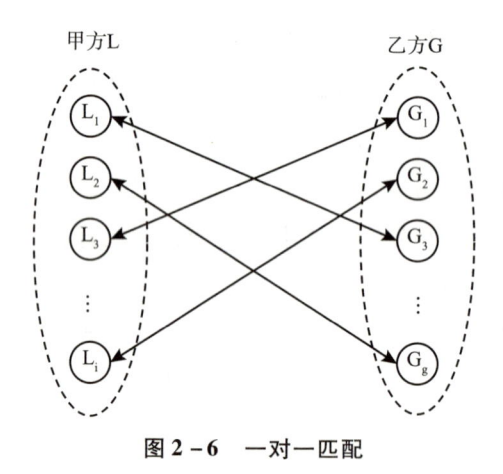

图 2-6 一对一匹配

(2) 一对多匹配

一对多匹配(1∶G)是 L 集合中每一个主体可以与 G 集合中的多个主体匹配,但 G 集合中的每个主体则只能够与 L 集合中的一个主体匹配。例如生源匹配问题中,一个学生只能与一个学校匹配,而一个学校则可以匹配多名学生,如图 2-7 所示。

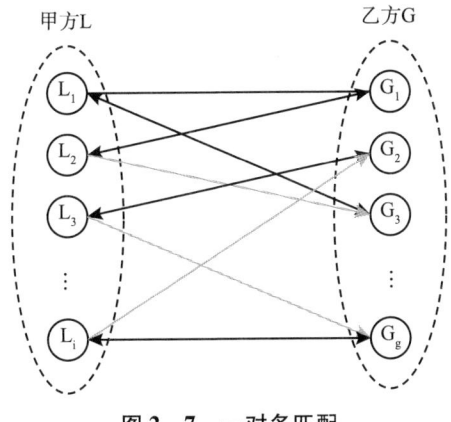

图 2-7 一对多匹配

(3) 多对多匹配

多对多匹配 (L:G) 是 L 集合可以与 G 集合中的多个主体进行匹配, G 集合中的每个主体也可以与 L 集合中的多个主体进行匹配。例如电子中介交易匹配过程中, 一个卖主可以将多个商品卖给不同的买主, 一个买主也可以买多个卖方的商品, 如图 2-8 所示。

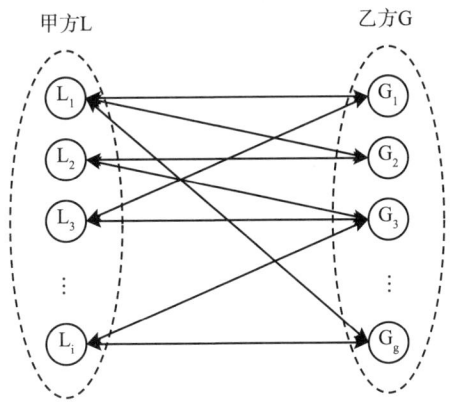

图 2-8 多对多匹配

2.6 选址—路径—库存集成优化

2.6.1 选址—路径

选址—路径问题（Location Routing Problem，LRP）是由博芬特（Boventer，1969）在运输成本和定位成本相互关系的研究中提出的，是物流系统中研究得较为成熟的一类集成优化问题[173]。LRP 是应急物流管理决策和系统设计中的难题，是 NP - hard 问题[174]。一般物流运作中，选址分配问题仅考虑配送中心、工厂、库存点、配送中心等设施点的选址与货物配给之间的相互关系，却忽视了对车辆运输路线的考量，这就有可能导致成本的增长，而在车辆路径问题考虑了车辆在各个客户点间路径访问的特性，却没有分析设施的合理选址问题，使得货物流转成本较高，所以形成了选址路径问题。可以将基本的 LRP 定义为：已知运输道路情况以及客户位置和其需求量，现有若干个潜在配送中心可供选择，需确定配送中心的位置数量、配送方案及车辆运输的优化路径，且不能违反车辆载重限制等约束，其目标函数一般为路程最短、成本最小、耗时最少等，如图 2 - 9 所示。

2.6.2 库存—路径

库存—路径问题（Inventory Routing Problem，IRP）最早由费德格伦（Federgruen，1984）和齐普金（Zipkin，1984）提出，是将配送路径和

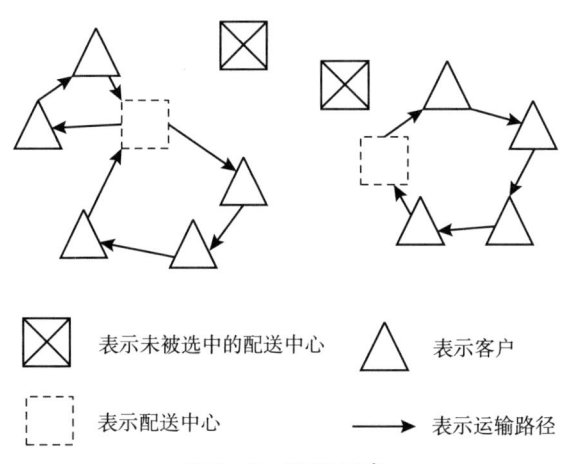

图 2-9　LRP 示意

库存优化进行联合优化的过程[175]。因为库存和运输存在"效益背反"，决策者需要对库存控制问题和车辆路径问题进行集成决策[176]。通常意义下可表述为：在较长的计划期内，由一个配送中心向多个客户进行补货配送服务，已知客户位置及客户需求量，在满足需求时间、库存水平等约束下，确定配送中心的库存的数量、周期的同时安排车辆配送路线。其目标函数一般为路程最短，总耗时最少，成本最小等。

库存路径问题在不同的环境下，考虑的要素也不同。按需求特征不同，可分为确定性需求 IRP 和随机需求 IRP；在时间周期来分，可分为有限计划期、无限计划期以及有时间窗约束和无时间窗约束的 IRP 问题。按存储物资种类来分，可分为单种类物资的 IRP 和多种类物资的 IRP。如 IRP 的层级结构，如图 2-10 所示，IRP 还可分为一级 IRP、二级 IRP 和三级 IRP，其中对二级 IRP 的研究较为集中，还可分为一对一、一对多和多对多的 IRP 问题[177]。随着网络层级数及车辆承载能力和数量限制等因素的增加，研究内容的复杂性也逐渐增加。

图 2-10　IRP 层级结构

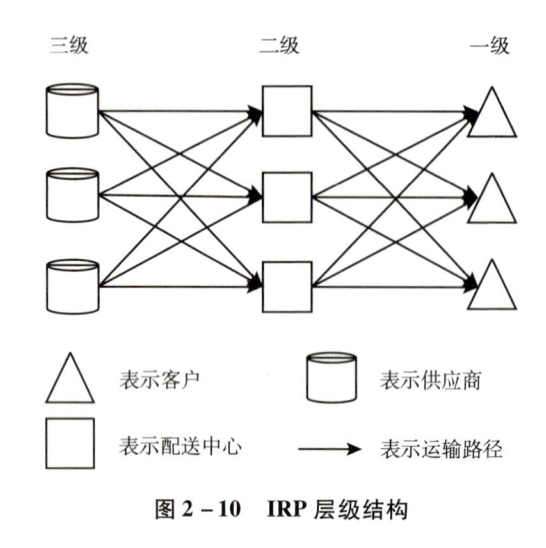

2.6.3　选址—库存

选址—库存问题（Location Inventory Problem，LIP）也称选址库存联合决策问题，其包括的两个子问题设施选址问题（Facility Location Problem，FLP）和库存管理（Inventory Control，IC）都是物流系统网络优化的重要研究问题[178]。主要是指在优化配送系统时，即在选址—分配决策时，综合考虑库存成本和库存策略对选址分配的影响，将选址分配和库存控制结合在一起进行集成决策。一般是在已知候选工厂、配送中心或库存点、分销中心、客户点等设施点位置的前提下，以系统总成本最小或客户服务水平最大等为目标，确定设施点的数量和位置，并制定各设施点的库存控制策略。

选址库存问题也是企业必须面对的管理决策难题，为了降低成本，企业越发重视对库存的管理，库存理论研究也越来越关注于为供应点与需求点寻找最优的库存控制策略，并确定供应点与中转点的最优位置与数量[179]。学者们为了避免局部最优，逐渐认识到应在全局视角下结合选址决策考虑库存决策问题。

2.6.4 选址—路径—库存

国内对应急物流选址路径库存的集成研究在20世纪90年代后期才慢慢开始兴起。在物流系统网络中，设施的选址、路径选择和库存控制三者之间是相互影响的，因此，必须综合考虑设施选址、路径规划和库存控制。由CLRIP演化，如图2-11所示。可见选址、库存、路径问题开始是单独进行研究的，整个物流过程被划分成独立的部分，逐渐开始考虑另外一个因素进行两两研究。随着物流环境的复杂化，人们开始认识到选址、库存和路径之间存在着紧密的关系，三者之间是相互影响和制约的，任何一方的改变都会影响到另外两个方面，因此形成了选址—路径—库存集成优化问题。

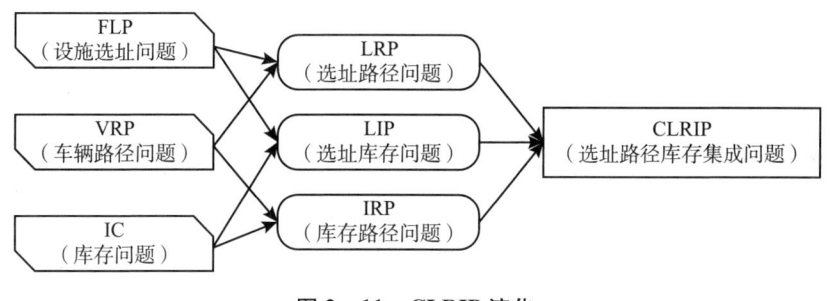

图2-11 CLRIP演化

现实物流环境中，设施选址（Location）、路径规划（Routing）和库存控制（Inventory）分别属于物流系统中的战略层、战术层和运作层。选址—路径—库存集成问题是指将物流系统中选址、库存和运输决策集成在一起进行决策的集成优化问题。具体指的是在满足一定的约束条件下，根据需求信息，在众多潜在设施中确定设施点的位置、规划相关运输路径并对设施点库存进行控制，最终实现效益最大化、成本最小化或时间最短等目标[180]。

2.7　本章小结

首先，本章简单介绍了应急物流理论，包括应急物流概念、应急物流特点、应急物流目标、应急物流系统以及应急物流中的关键问题。在应急物资管理方面，主要阐述了应急物资的概念、分类以及应急物资管理运作。在应急物资分配理论方面，主要概括了应急物资分配的概念、特征以及应急物资分配过程。其次介绍了多种运输方式联合调度理论，涉及车辆调度理论和联合运输理论。本章对匹配策略也进行了很好的描述。最后，对选址—路径—库存集成优化进行概述，包括选址—路径问题、库存—路径问题、选址—库存问题和选址—路径—库存问题。以上为分析属地应急物流的概念、特点及属地应急物流运作与管理提供了理论基础和支撑。

3

属地应急物流综合分析

3.1 属地应急物流内涵

3.1.1 属地应急物流概念

统计分析表明，大规模突发事件发生后2个小时内会造成80%的人员死亡。所以，属地政府能否在突发事件发生后紧急采取应对措施、快速响应、实施有效的救援、控制或缓解灾情的蔓延，是属地应急管理的关键。属地政府由于距离突发事件发生地近、熟悉事发地情况、具备第一时间获得灾情信息和掌握属地应急资源等优势，在属地应急管理中可以制订科学合理的救援方案。属地管理为主的应急体制，并不是说属地应急救援是孤立运行的，而是针对灾害发生后，第一时间做出快速响应，同时接受上级政府及其他有关部门配合和协同应对。

《中共中央关于构建社会主义和谐社会若干重大问题的决定(2006)》、《中华人民共和国突发事件应对法（2007）》、《国家地震应急预案（2012）》、《国家自然灾害救助应急预案（2016）》等法律法规中，都提到了"属地为主"的应急管理思想体制。然而，对于属地管理的内涵，却很少有人研究。结合上述文件还可以发现，"属地管理"常常与"分级负责""资源共享""综合协调""快速反应"这些词语一起使用。由此，本书可以推断，属地管理是以地方政府为主的管理体制，实现属地管理的前提是国家统一领导，分级负责；实现的途径是资源共享、综合协调；目的是先期处理、快速反应。为了说明属地管理的概念，需要对地方政府的范围进行界定：地方政府（local government）是相对于中央人民政府（The Central People's Government）（国务院）而言的各级人民政府，根据宪法第95条规定"省、直辖市、县、市、市辖区、乡、民族乡、镇设立人民代表大会和人民政府"，简称"地方政府"。

属地应急物流就是在属地政府的管辖范围内，结合现代应急物流管理的思想，开展属地应急救援过程中所涉及的物流活动。基于属地应急以及应急物流的概念，将属地应急物流定义为：灾害发生后第一时间内，后方应急物资送达之前，以灾害所属的基层当地政府为主体，根据收集到的实时灾情信息，统筹属地现有的应急资源，协调各系统间的关系，实施一系列物流活动，实现应急物资的时间效益和空间效益，从而实现快速响应、先期处置的救援目标。

属地应急物流的范围界定为灾害所属的基层当地政府所管辖的区域。当地政府统筹所管辖范围内的应急资源，开展自救，不考虑外部救援的情况，外部区域与属地的衔接另作研究。高效的属地应急物流，能够确保灾害发生后的快速响应，迅速采取应急救援措施，保证应急救援的时效性，确保灾民的生命安全，为后续的外界救援争取时间。

3.1.2 属地应急物流特点

如前所述，属地应急物流就是将现代应急物流管理思想应用到属地应急救援领域，属地应急物流表现出以下特点：

（1）属地政府主体性

属地政府熟悉当地情况，当突发事件发生后，距离受灾点近，拥有第一手资料，了解灾情的最新状况和发展趋势，同时又掌握着突发事件所在区域的应急资源信息和调度使用权。所以，属地政府在属地应急管理中发挥着主体性作用。

（2）实施范围区域性

属地应急物流由于只是针对发生在管辖区域内的突发事件，所以其应急救援的范围往往是区域性的救援。例如，当同一个地级市下面的几个区县同时发生了洪涝灾害，那么该地级市政府就是属地应急救援的主体及主要负责的地方政府。再如，四川的某些县镇发生地震，且这些县镇不属于同一个地区或地级市，那么四川省人民政府就是属地应急救援的主体，在四川省人民政府的统一协调指挥下，综合利用现有的应急资源进行应急救援。

（3）应急快速响应性

突发事件由于其突发性、短期内迅速蔓延性，如果得不到及时的救援，随着时间推移，伤亡人数将逐渐增加，后果不堪设想。所以，属地应急救援就要求属地应急物流具有快速响应性，灾害发生后，用最短时间将所需的应急救援物资投送到突发事件所在的受灾区域。

（4）救灾处置不依赖性

属地应急物流强调先期处置，快速响应，从而达到控制或者减缓事态发展的目的。然而突发事件发生后，如果等待外部物资（国家物资储备调度的物资）到达后才开展应急救援，那么需求等待时间较长。属地应急救援是在外部物资尚未达到之前，即不依赖于外部物资支持，利用属地现有应急物资，展开先期处置应急救援。

（5）国家储备有效补充性

属地应急物流是在国家储备调度物资到达之前，利用属地现有应急资源先期处置的过程。属地应急资源指当地政府的应急物资储备和社会物资储备。社会物资储备包括协议储备、企业代储、生产能力储备、家庭储备等,是国家应急储备的有效补充。

3.1.3 属地应急物流原则

(1) 虚实结合原则

应急物资众储点通过网络、计算机、通信等技术实现数据在平台的存储和共享,应急物资管理部门平时管理的是虚拟数据,只有进行检查时才能看到具体的应急物资。在应急时,生成分发方案利用的也只是平台存储的应急物资数据,只有当应急物资送达灾区灾民手中时,才能看到实实在在的物资。实际存储经常发生"有库有数无物"的现象,为了实现应急时有物可分发,真正把应急物资送达灾区满足灾民需要,必须平时保证平台虚拟存储数据与实际储备点存储的应急物资相符。因此,虚拟众储的建立必须遵循虚实结合原则。

(2) 平急结合原则

没有灾害发生时,各众储点按照存储协议要求保障应急物资的安全存储量,并进行正常的生产、流通、交换、买卖等活动。各众储点也可以利用信息平台,共享信息资源,通过协调共享机制,实现资源相互调配。灾害发生后,各众储点存储的物资转换为应急物资,为救灾贡献力量,并按照应急协调指挥中心的要求,对众储点的应急物资进行统一的调度和分发,实现救灾物资"第一时间"运抵灾区。平急结合可以充分利用社会资源,实现应急资源整合,节约应急存储成本。

(3) 时空原则

通过虚拟众储信息平台,各众储点的数据信息实现了互联互通和实时共享,通过整合各众储点的数据,建立应急协调指挥调度中心虚拟数据库,该数据库基于 GIS 将各众储点的存储空间位置表示出来,实现应急协调指挥调度中心平时对各众储点的实时监管,应急时对各众储点的统一指挥调度。

(4) 合作共享原则

将不同存储主体，不同存储位置的应急物资，通过网络、信息、通信平台等技术，建立时空虚拟数据仓库，实现各众储点信息资源共享。应急时各众储点以"第一时间"满足灾区需求为根本目标，充分发挥众储点的优势，按照应急协调指挥调度中心的应急方案实施应急救援，灾后按照存储协议和激励机制进行补偿和奖励。

(5) 标准化原则

虚拟众储的建立需要整合多行业、多部门、多众储点、多种应急物资的大量数据，为突破数据的"信息孤岛"，保证数据信息的无缝衔接、集成和实时共享，需要建立数据接口标准、数据存储基础性标准、数据传输标准、数据服务标准、数据安全标准等数据标准化体系，实现各众储点数据层与应急协调指挥调度中心虚拟数据仓库层之间的集成、访问和共享，保证虚拟数据仓库层和应用层之间的访问、应用和迁移。

虚拟众储在成员选择、淘汰、激励等方面，需要建立标准的评价指标和流程，选择符合标准的作为虚拟众储成员，经过后期的模拟演练和实际考核，不符合考核指标的可以直接淘汰。为保证应急物资顺畅、快捷、准时地送达灾区，需要将多种的应急物资，根据救灾的需求建立标准化的包装单元，使之与各种装卸和运输设备相兼容。建立标准的应急作业流程，包括应急物资调配流程标准、应急物资出库流程标准、应急物资配送流程标准等，实现流程的标准化、作业的自动化，提高出库能力，满足快速救援的要求。

(6) 动态化原则

虚拟众储的成员是变化的，选择符合标准的作为众储点，不符合标准的直接淘汰。众储点存储的应急物资也是动态的，在众储点满足应急安全库存数量的条件下，应急物资可以进行正常的流通和更新，保证应急物资的存储质量，不会出现过期商品，从而实现应急物资存储的动态平衡。应急平台存储的虚拟数据也是动态变化的，各众储点数据库和应急协调指挥调度中心虚拟数据库实现实时化的传输和共享，确保虚拟众储的数据和实际存储的应急物资数量相一致，调度应急物资时不会出现"有库有数无物"的现象，保证应急救援物资能够按照应急需求快速送到灾区。

(7) 社会化原则

应急物资储备是在预防阶段提前储备，这种储备一般都是实物储备，需要投入大量的人力、物力和财力，但在种类和数量上还是很难满足救灾的需要，特别是对一些时效性强、存储时间短、容易过期的应急物资，损失成本更高[181]。充分发挥各类不同社会储备主体的积极性，推广协议储备、生产能力储备、流通储备和家庭储备等多种储备方式，将国家储备与企业、电商、家庭储备相结合，将实物储备与生产能力储备、虚拟储备相结合，充分利用社会资源，建立社会化的应急物资储备信息平台，使该物资储备更符合当地自然灾害特点和区域特点，增加应急物资储备的种类和数量，均衡化储备布局。

(8) 网格化原则

《关于加强自然灾害救助物资储备体系建设的指导意见》指出，我国救灾储备普遍面临布局不合理、基层存储能力不足和"有库无物"等一些共性问题。社会应急资源更多是分散存储于不同社会主体中，这些应急物资孤立存在、无法共享。将全国行政区域，按照一定的标准和规则进行网格划分，形成若干个网格单元，通过网格化和网络化管理理论和技术，将存储于村庄、社区、乡镇、街道、直辖市、各省等各种民间的应急物资信息，进行有效整合共享，实现应急物资的有效整合和高效利用。

(9) 均衡化原则

虽然我国在全国已经建立了多个中央应急物资储备库，但储备点的分布、存储应急物资的种类和数量，还呈现着不均衡的现象。相比之下，虚拟众储的建立更能体现均衡化原则。虚拟众储的存储主体可以是企业、电商、家庭和个人，这种存储主体的多样性，决定这些储备点分布在全国各地，在众储点成员地理位置的选择上有更大的灵活性，储备点分布的广泛性，实现了应急物资存储种类和数量的均衡。储备的均衡性能保证某一地区发生自然灾害时，不需要从很远的应急物资储备库调运物资，可以直接调运灾区周边的众储物资，大大缩短了应急物资运抵灾区的时间。

3.2 属地应急物流要素

3.2.1 出救点

属地出救点就是应急物资供应的出发点，能够管理协调属地内各个分散点，是应急物资供应的出救点，是指可以存放来自不同社会储备主体的大众物资储备的多功能型储备库、物流中心等。平时状态下，属地政府提前在该类设施点存放一定数量救援物资，灾害发生后，分发完已有救援物资的同时，需要将国家提供的后方物资以及周围分散存放于协议企业、志愿组织的应急物资统一运送至该类设施点，由属地政府调用这些协议储备的社会储备物资，以该类设施点作为应急物资出救点，将救援物资统一调度至受灾点。考虑该类设施点可以储存国家储备物资以及各类大众储备物资，本书称之为"众储点"。根据实际的运作内容，该类众储点还应配有如下设施：

一是应急物资流转的作业场地，如装卸、入库、存储、搬运、分拣、加工的场地。特种货物的物流作业还应有特种货物仓库、专用运输设备停放区等区域；

二是应急物资流转设施装备，如货物分拣装置、传输搬运设备等设施。

三是办公场所及通信设备、仓库电子监控设备和防灾报警装置等辅助设施。

应急物资调度需要考虑出救点的运力因素、设施完好情况、应急物资供给量以及出库能力等情况。本章模型将考虑该类设施点的完好情况、物资供给量。

3.2.2 集散点

集散点设置在靠近灾区的建筑内，是属地应急物流系统中物流网络体系的中转点，一般分布在较小一级行政区域村庄和社区周边。集散点主要有两个方面的功能，一是接收众储点输送的救援物资，并立刻把应急物资分发给相应的受灾点。二是能够合理组织救援物资的订货与补货工作，选取合适的库存策略，适时向属地出救点设施点发出物资请求，为自身补货。

集散点具备可以存放在应急活动中用到的专业设备以及日常生活中常见的应急物资的场地，具有简单的管理设备能够完成现场货物的集散、物流运行和控制作业。由于灾害事件的突发性，物资供应在救援阶段前期不能满足所有受灾点的需求，属地利用现有物资展开自救，在救援阶段中后期，物资供需稳定，集散点保有一定数量的物资库存。能在一定程度上缓解救援物盲目分配和积压或短缺的问题，从整体上提高服务水平。本书研究属地应急物流救援的综合性问题，集散点作为中转点，其储存能力是有限的，由于应急物资的需求紧急性，暂不考虑其最大储存量。

3.2.3 受灾点

受灾点，即受到损害，产生人、畜禽和养殖物、农作物、耕地、房屋工具、商储物资、生态环境等受灾体，有救援需求的特定空间，也是应急物资从众储点发出后运输的目的地。考虑到属地范围的有限性，各需求点更为具体，根据需求点设施级别和功能等特性的不同，对受灾点类型进行分类：以较小行政区为划分依据，有乡村、街道等；以设施功能不同为划分依据，有学校、医院、住宅小区、商场等，此外，根据人员疏散的实际情况，各办公区域、厂房、交通枢纽等都可作为属地应急物流需求点。

在对受灾点进行实际救援的过程中，还需要考虑受灾点地理位置、物资最晚到达时间、受灾点道路状况以及需求物资种类数量等。考虑设施点物资库存问题时，当供给物资不足时，还需要考虑受灾点物资的最低需要率，即物资最低保障率，还需要考虑受灾点物资的最大满足率等。

3.2.4 应急物资

应急物资是指在应对突发事件应急处置过程中使用的各类保障性物资，最常使用的有抢救生命的药品、医疗器械，维持生活保障的食品、水、帐篷等。目前我国主要有四类应急物资分类方法，主要从物资用途（现场管理与保障、生命救援与生活救助、工程抢险与专业处置）、使用范围（通用和专用）、紧急程度（一般、严重和紧急）、需求的原因（自然灾害、事故灾害、公共卫生事件和社会安全事件）四个方面进行分类[182]。应急救援过程中对应急物资需求也是有优先级别的，同一种灾害的不同阶段所需要的物资种类和数量也不尽相同。应急物流管理就是根据突发事件当前阶段的物资需求，提供符合要求和足够数量的应急物资，使整个应急物资供给合理有序。应急物流运输环节考虑的是物资种类、数量、单位重量、单位体积以及对运输工具装载要求等。

第 4 章研究的属地应急救援考虑的是灾后首批应急物资的分配问题，从灾民的角度出发，考虑灾害发生后第一时间灾民最迫切需要的应急物资。为了便于灾民对物资的快速利用，本章在研究属地应急物资时，暂不考虑通信设备、救援设备、医疗设备等专业性要求较高的物资，重点考虑的是食物、饮用水、帐篷、衣物等生活保障类的应急物资，灾民直接可以使用以满足自身的需求。通过对这些种类应急物资的分配优化，保证灾民最基本的生活需求，为后续的应急救援奠定基础。

第 5 章研究的应急物资是指在应对突发事件应急处置过程中使用的各类保障性物资。应急物流运输环节考虑的是物资种类、数量、单位重量、单位体积以及对运输工具装载要求等。本章研究重点是多种运输方式联合调度，所以并没有对生命救助大类物资具体分类，而是作为一个包含救助生命所需物资单元化的包装，各受灾点根据受灾人口数量来确定所需物资单元数。

第 6 章研究的是救援过程中的车货匹配问题，首先考虑的应急物资也是指在应急救援过程中所需要的各种保障性物资。属地应急紧急救援阶段最急需的应急物资有水、食品、帐篷等。应急物资对车货匹配的影响因素主要有单位体积、单位重量和灾区最低满足率。其中单位体积和单位重量主要影响对运力的需求。在实际救援中只有达到灾区最低保障率，才能够满足受灾区域的基本应急需要。灾区最低保障率不同，所需要的运力也就不同。

第 7 章主要研究震后物资中转过程中 CLRIP 问题。不对救援物资的阶段差异性做详细研究，选用生活及生命保障类，如方便面、矿泉水和急救包作为对象进行研究。这些应急物资来源广泛，包括灾害发生前已储备在属地众储点的储备物资及属地周边存储的应急物资；还包括属地范围外，由国家、各类企业、电商、志愿组织、家庭等提供的储备物资。这些物资在地理上是分散的，一部分由政府管控存储在属地或国家储备库；一部分由家庭或个人存储，可以在灾害爆发第一时间提供自救物资。还有部分是灾前与周边企业、志愿组织等通过签订协议而提前准备的应急储备物资。做到真正按照属地需求特点进行应急物资的储备，保障在灾害发生后第一时间展开物资投送。

3.2.5 运输网络

运输网络是指连通出救点和受灾点的运输道路网络，包括公路、铁路、水路和航线。运输距离长短直接影响应急救援时间和效率，道路容量又限制了运输网络中某一条线路最大可通行量。重大自然灾害发生后，往往会造成道路基础设施破坏，例如，泥石流、地震、洪水造成的公路设施破坏，阻止正常的救援物资运输。而恶劣的气候环境，又使航空运输网遭到破坏，例如，大雾暴雨恶劣气候环境下，直升机无法正常航行，阻碍了航空救援运输。

应急物流中需要考虑出救点到受灾点运输网络状况，包括出救点到受灾点不同运输途径的距离、某种情景下运输道路是否可通行、运输道路容量等。本书模型只考虑出救点到受灾点在各运输道路下的距离及运输道路是否可通行。

3.2.6 运输工具

运输工具是指承担货物运输任务的不同运输方式运载工具，可分为：公路运输工具、铁路运输工具、水路运输工具、航空运输工具和管道运输工具。属地应急救援，由于距离较近、受灾点区域较小，常采用公路运输、航空运输、水路运输。公路运输主要以货车为主；航空运输主要以直升机、无人机为主；水路运输受航道网络限制，适用面较窄，在水路网较密集的南方地区使用较多，以快艇载运为主。运输工具的使用受到运输网络的限制，所以应急物流需要考虑出救点到受灾点运输道路可通行性、运输工具种类、数量、行驶速度、最大载重量、最大容积、最远行驶里程等。

3.3 属地应急物流运作与管理

属地应急物流是以属地政府为主的应急物流活动。当突发事件发生后，作为最了解灾情情况的属地政府拥有着第一手资料，了解灾情最新状况和发展趋势，同时又掌握着突发事件所在区域的应急资源的所有信息和调度使用权，所以，属地政府在属地应急管理中发挥着主体作用。属地政府紧急成立应急物流协调指挥中心，对突发事件的物流活动直接进行指挥协调。

3.3.1 监测分析

突发事件发生后，依据事发当地基层委员会上报的灾情情况、相关部门的监测报告以及指挥中心派出的侦察员反馈的信息情况，对突发事件情况进行分析，进而可以得到突发事件的总体情况（种类、具体位置、规模）、灾情的评估分析结果以及灾情信息汇集结果，为后续需求预测提供基础依据。

3.3.2 需求预测

得到灾情的监测分析结果后，依据受灾点的应急物资请求、历史案例的匹配情况及灾情信息推算的结果，对突发事件各受灾点进行需求预测，可以得出各受灾点对物资种类和数量、紧急程度的预测结果，为后续物资分配方案提供依据。

3.3.3 信息汇总

获得受灾点对物资需求预测的结果后，依据属地政府的物资储备、属地企业的物资仓库储备，对属地现有应急物资的信息进行汇总，进而可以得到属地应急物资储备情况数据，为后续物资分配提供参考（本章研究的首批属地物资送达，暂不考虑属地外部物资储备数据）。

3.3.4 方案生成

（1）属地应急物资分配方案

得到受灾点物资需求预测结果和属地现有应急物资实际数据信息后，依据需求等级、物资需求的种类数量，形成应急物资分配方案，即出救点到受灾点分配物资种类和数量方案，为后续属地应急物资运输任务的安排提供运输依据。

（2）属地应急物资运输调度方案

根据属地应急物资分配方案，考虑储备库现有运输工具、属地企业拥有的运输工具获得运力资源，又依据相关部门道路信息及气象信息获取运输网络的通行状况。综合运力资源和运输网络通行情况，制订具体的运输调度方案，即从出救点到受灾点使用哪种运输方式及数量多少。

（3）属地应急物资车货匹配方案

将灾区及其周围地区的应急物资和应急车辆进行匹配，获得最为合适的匹配方案，使得整体效果最好，并将方案发送给物资供应点和车辆出救点，双方对其进行执行。

（4）属地应急选址—路径—库存集成方案

从所有潜在集散点集合中选出一定数目的设施点作为中转集散点，并确定从集散点到各个受灾点的路径方案，实现集散点对各个受灾点的物资配送。在已知供给和需求后，得到属地物资分配方案，再基于复杂应急环境下所采用的随机存储策略，确定集散点最优应急物资存储数量。即确定设施点作为出救点和中转点，给各受灾点投送物资的路径规划，并对中转点的库存进行控制。

3.3.5 实施救援

根据属地应急救援方案，结合属地现有潜在设施点情况以及相关部门提供的道路可通行状况，按照方案内容开展属地应急救援行动，保证应急救援的效益最大化。本章研究重点在于发生突发事件后，如何利用属地现有资源进行先期处理、快速响应，形成将首批物资尽快送达灾区的运输工具的调度方案，所以，关于应急物资送达受灾点后的物资管理及分发流程未做过多阐述。

3.4　本章小结

首先，本章从属地的角度，用概念、特点和原则介绍了应急物流的内涵；其次，阐述了属地应急物流要素，包括出救点、集散点、受灾点、应急物资、运输网络和运输工具；最后，通过监测分析、需求预测、信息汇总、方案生成、实施救援这些步骤，完整阐述了属地应急物流运作与管理。

4

基于需求不确定的属地
应急物资分配问题研究

4.1 属地应急物资分配综合分析

4.1.1 属地应急物资分配概念

灾害发生后第一时间，后方救援物资送达灾区之前，统筹属地范围内的资源，在最短的时间内将物资送达灾区，确保灾民的生命财产安全。属地应急物资分配的其实是灾民最需要的应急物资，对于减少人员伤亡、稳定灾民的心理状况意义重大。属地应急物资分配是属地应急的关键，决定着应急救援的行动效果，因此应对属地应急物资分配进行更加深入的研究。

对属地应急物资分配做如下定义：在外界救援到达之前，根据所收集到的灾情信息开展自救，依照先期处置、快速响应的原则，将属地应急物资按照一定的分配方式分发给灾民，满足灾民的物资需求。由于属地储备的资源有限，必须发挥其最大效用，避免因缺少物资造成人员伤亡,稳定灾民的心理状况,保障灾民的生命安全。

4.1.2 属地应急物资分配原则

灾害破坏性极大,在灾害发生后必须快速实施救援。属地应急是属地政府在属地范围内的自救,分配的是宝贵的属地救援物资,因此须遵守一定的原则。

(1) 有效性原则

属地应急分配的是灾民最需要的应急物资,意义重大。而属地物资数量有限,应急救援还十分紧急,因此需要做到物尽其用,必须将有限的物资发挥出最大的效用,否则就是对宝贵的属地资源的浪费。

(2) 公平与效率并重

由于灾害的突发性及破坏性,在分配应急物资过程中就会一味地追求效率最大化,而忽略了公平性这一原则。如果不能在分配过程中遵循公平性,则会使得分配结果严重失衡;而如果一味地强调公平,忽略了效率的重要性,则会出现分配结果非常均衡,但效率偏低的情况,这样造成了资源浪费。因此,在制定分配决策时需要平衡公平与效率的关系,使得物资尽可能发挥最大效用,同时保证分配的公平性[183,184]。

(3) 全局性原则

应急救援不是只针对某一个或某几个受灾点开展,而是在整个属地范围内的救援行动,需要实现全局最优。如果将受灾点分开进行救援,则可能出现某几个受灾点救援效果很好、其他受灾点救援效果很差的现象。因此,需要对属地的应急物资进行统筹,统一分配,才能实现整个属地范围内救援效率的最大化,达到整体效果的最优化。

(4) 时效性原则

应急救援越及时,就越能减少伤亡人数。因此,属地应急物资分配必须做到快速响应,争分夺秒,这样才能迅速将物资送达灾区,减少灾区损失。这就要求暂不考虑成本这一因素,同时加快应急物流各环节的工作效率,实现快速救援,减少人员伤亡。

4.1.3　属地应急物资分配流程

灾害发生后,由于道路损毁、通信中断,外界应急物资无法及时送达灾区,因此,属地应急物资就变得异常宝贵,属地应急物资分配成了属地应急救援的关键环节。属地应急物资分配决定着应急救援的效果,即是否能在应急救援总时间最短的同时,最大限度地满足灾民的需求,发挥属地应急物资的最大效用,将灾害造成的人员伤亡和财产损失降至最低。

在属地应急过程中,需要综合考虑各种因素,统筹属地资源,根据各受灾点的需求特性制订科学合理的物资分配方案,不仅要考虑分配的物资数量、物资种类,还需要考虑出救点与受灾点之间的距离。在应急救援实践中,R地区的应急物资分配还存在一些问题:没有与云端大数据对接,不能实现高度信息化,使得信息滞后;没有统筹属地资源以进行统一调度规划实现整体最优。优化后的属地应急物资分配过程如下:

(1) 确定受灾点

灾害发生后,通过卫星遥感、受灾地信息传达等,迅速确定R地区所辖范围内的受灾区域,实时获取灾情信息。根据地理位置、灾害级别等因素划定各受灾点的范围。确定受灾点之后,政府及有关部门迅速响应,开展应急救援。

(2) 需求预测

收集受灾点的灾情信息,包括灾害等级、房屋倒塌率、伤亡人数等,并据此预测受灾点的应急物资需求。运用合适的预测方法对各受灾点的物资需求做出预测,并根据预测结果实施后续救援行动。由于灾害的破坏性和紧迫性,此时掌握的灾情信息是不完备的,因此预测得到的需求也是不精确的。

(3) 搜索出救点

灾害发生后，对接 R 地区的属地信息平台，对 R 地区的属地资源进行搜索，根据属地范围内各储备点的地理位置和储备情况，确定适用于应急救援的出救点。同时，若出救点遭到灾害的破坏，需要通过卫星遥感等探测出邻近的储备点作为新的出救点。

(4) 制订分配方案

搜索出属地范围内适合的出救点之后，紧接着就是制订物资分配方案并实施方案。将基础数据输入，包括受灾点的需求信息、出救点的储备信息、出救点到受灾点的路况及运输距离等，制订出最优的物资分配方案。根据分配方案，安排应急物资的装卸、运输，调集出救点的可用车辆，将应急物资运送至各受灾点。

在求解最优应急物资分配方案的过程中，R 地区政府利用属地范围内的现有资源，根据受灾点需求情况，迅速开展应急救援行动，在实现受灾点物资最低满足率的基础上，做出相应的应急物资分配方案，即出救点是否向受灾点分配应急物资，分配多少应急物资，从而实现应急救援的目标。通过对应急物资分配方案的不断调整和优化，得到最优的应急物资分配方案。属地应急物资分配的过程，如图 4-1 所示。

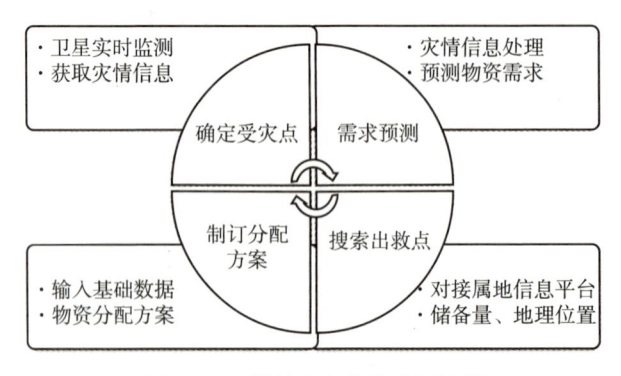

图 4-1 属地应急物资分配流程

属地应急考虑的是在灾害发生后的第一时间内，统筹属地现有的资源，制订物资分配方案，实现快速精准救援。由于灾害可能导致道路损毁、通信中断，灾区统计工作难以开展，造成信息无法实时获取，灾区处于"黑箱"状态。灾情信息的不完备造成物资需求的不确定，只能对受灾地区的物资需求进行预测，而通过预测得到的物资需求量是不精确的，影响物资分配方案的制订，从而影响应急救援的效果。

在当前的实际救援中，R地区政府并没有充分考虑到由于灾情信息不完备造成的物资需求的不确定及波动，对需求的不确定性没有很好的优化方法，只是将预测出的需求量作为确定值处理，并据此制订分配方案。然而，需求的不确定会影响分配方案的科学性、合理性，造成物资分配的不合理，浪费宝贵的属地资源，无法达到预期的救援效果。鲁棒优化方法是一种在不确定参数的概率分布函数未知的情况下，选取一个适用于所有可能出现的情景且表现良好的方案[185]。鲁棒优化有着特定的优势，即不必得到不确定因素的概率分布情况，从而可以确保消除不确定参数对方案造成的不利影响。因此将应用鲁棒优化方法，考虑需求的不确定性对模型的影响，将需求这一不确定参数纳入模型，解决需求不确定性下的属地应急物资分配问题，协调模型的最优性与鲁棒性，以获得最优化决策，使得应急物资分配方案不会因需求的不确定而失去实践价值，从而为属地应急物资的分配提供科学依据。

灾害发生后的短时间内，灾区的需求不易掌握，很难对需求做出准确的预测，因此在可以对应急物资的需求进行预测的基础上，对需求做区间估计，将不确定需求转化为需求变化区间，在区间内取值，以应对需求可能存在的变化，便于模型的求解。根据R地区各受灾点的灾害等级、伤亡人数等灾情信息，预测出物资需求的变化的最低值当$d_{jk} = d_{jk}^0$时，问题为需求为区间下限的确定性问题，此时对需求预估不足，容易造成需求点的物资供应严重不足；当$d_{jk} = d_{jk}^0 + d_{jk}'$时，则问题为绝对鲁棒问题，这时求得的解过于保守，失去了最优性，影响其在实际救援中的实践价值。

为在一定程度上降低解的保守性，可采用相对鲁棒优化方法，引入鲁棒优化参数 $\beta((d_{jk} - d_{jk}^0)/d_{jk}' \leq \beta , \beta \in [0, 1])$ 控制需求量在区间内的扰动，从而协调模型的最优性以及鲁棒性。β 代表对灾情信息的掌握程度，取值越小说明对灾情信息掌握越充分，反之则说明对灾情信息掌握越不充分。当 $\beta = 0$ 时，问题为需求为区间下限的确定性问题；当 $\beta = 1$ 时，则问题为绝对鲁棒优化问题。通过调整 β 的取值来调节需求量的扰动范围，其取值可根据灾害等级、破坏程度等灾情信息给定。

4.2 属地应急物资分配模型

4.2.1 问题描述

灾害发生后，后方应急物资在短时间内无法送达，因此属地需开展自救，实现先期处置、快速响应。本章考虑的是灾害发生后第一时间内，R 地区范围内有多个受灾点需要进行应急救援，需要统筹 R 地区范围内的应急物资，不设置中转点，从多个出救点开展应急救援，实施物资分配。R 地区应急物资的数量有限，不可能满足受灾点的全部物资需求。因此，需要考虑实际情况，分清轻重缓急，考虑现实情况下的各种约束，制订科学合理的物资分配方案，在实现快速救援的同时，确保每个受灾点的需求都能得到不同程度的满足，使得应急物资发挥出最大效用，将灾害程度降至最低。

本章研究的是 R 地区的属地应急物资分配问题，在多出救点多受灾点多种类物资需求的应急物流中，出救点 i 的第 k 种物资的供应量是 s_{ik}，受灾点 j 的第 k 种物资的物资需求量是 d_{jk}，出救点 i 到受灾点 j 的运输距离是 l_{ij}，拥有同种运输车辆数目为 h_i，每辆运输车辆容量是 c，载重量是 w，如何安排分配方案（出救点 i 是否向受灾点 j 分配第 k 种物资，出救点 i 向受灾点 j 分配的第 k 种物资的物资量 x_{ijk} 具体数值是多少），使得在救援总时间最短的情况下，受灾点的需求满足率最大，问题描述，如图 4-2 所示。

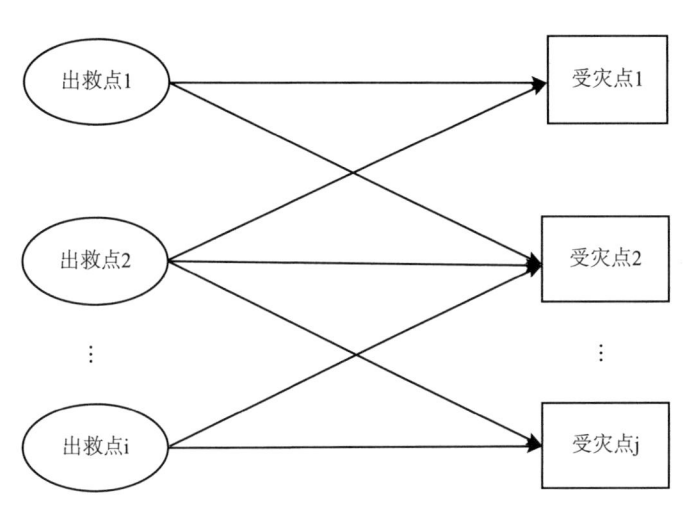

图 4-2 属地应急物资分配问题描述

4.2.2 假设说明

假设一：每个出救点的物资量已知，且总量无法满足受灾点的需求；

假设二：出救点到受灾点的距离已知，且道路可能出现中断；

假设三：运输设备为同一种车辆，且有容量限制；

假设四：假设每种物资都是按照一定的质量、体积等标准单位进行包装，且根据应急救援的需求，不同种类的物资可以混装；

假设五：受灾点的最低需求率可由相关文件、救援经验等得出，且最低需求必须得到满足；

假设六：由于考虑的是灾害发生后第一时间内的属地应急物资分配问题，则暂不考虑属地外的应急物资。

4.2.3 模型构建

在对问题进行描述、对假设进行说明之后，随之便是数学模型的构建过程，主要包括符号说明、目标函数分析、约束分析等，最终构建出不确定需求下的属地应急物资分配模型。

4.2.3.1 符号说明

I：出救点集合，I = {i|i = 1, 2, …, m}；

J：受灾点集合，I = {j|j = 1, 2, …, n}；

K：物资种类集合，K = {k|k = 1, 2, …, k}；

s_{ik}：出救点 i 的第 k 种物资的供应量；

d_{jk}：受灾点 j 的第 k 种物资的需求量；

α_k：第 k 种应急物资需求的最低满足率；

h_i：出救点 i 可供调用的运输车辆的数目；

c：运输车辆的容量；

w：运输车辆的载重量；

c_k：第 k 种物资的单位体积；

w_k：第 k 种物资的单位重量；

l_{ij}：出救点 i 至受灾点 j 的距离；

v：运输车辆的平均行驶速度；

t_k：第 k 种物资的单位装卸时间；

x_{ijk}：整数变量，表示从出救点 i 分配至受灾点 j 的第 k 种救援物资的数量；

u_{ij}：0~1 变量，表示从出救点 i 至受灾点 j 的道路通行情况。

4.2.3.2 目标函数分析

通过对文献的梳理，可以发现目前学者在研究应急物资分配问题时，最常见的三个目标——成本最少、时间最短、需求满足率最大，这也是应急救援所力求实现的最基本的三个目标。结合本章所研究的 R 地区属地应急物流中的应急物资分配问题,强调快速响应、先期处置的原则,所以暂不考虑成本这一目标。在满足最低的物资需求满足率的前提下,以最小化救援时间和最大化需求满足率作为属地应急物资分配的目标函数。

(1) 最小化救援时间

灾害的紧迫性、破坏性,决定了应急物资分配的时效性,即以最小化应急救援时间为目标函数。在应急物流中,考虑物资的装卸时间和运输时间。装卸时间和物资数量成正比;每条道路上的运输时间与车辆行驶速度、运输距离线性相关,其中,与运输距离成正比,与车辆行驶速度成反比。其函数表达式如下:

$$\min f_1(x) = \sum\sum\sum x_{ijk}t_k + \sum\sum u_{ij}l_{ij}/v \qquad (4-1)$$

(2) 最大化需求满足率

在考虑救援总时间最短的前提下,还要考虑需求满足率的最大化。如果只考虑时间最短,则不能最大程度地发挥物资的效用,实现需求满足率的最大化。因此,目标函数还应考虑最大化需求满足率,使其兼顾效率和效果。其函数表达式如下:

$$\max f_2(x) = \sum\sum\sum x_{ijk}/\sum\sum d_{jk} \qquad (4-2)$$

4.2.3.3 约束分析

(1) 物资供应量约束

由于考虑的是灾后第一时间内,后方救援物资到达前的物资分配问题,因此物资供应量低于物资需求量,每个出救点的第 k 种物资分配量不能超过该点储备的该种物资量。

$$\sum_{j=1}^{n} x_{ijk} \leqslant s_{ik} \qquad (4-3)$$

$$\sum_{i=1}^{m} s_{ik} \leqslant \sum_{j=1}^{n} d_{jk} \qquad (4-4)$$

(2) 物资需求量约束

物资分配量要根据每个受灾点的实际情况分配,不能出现供大于求的问题。这样才能确保物尽其用，发挥出物资最大的效用。

$$\sum_{i=1}^{m} x_{ijk} \leqslant d_{jk} \quad (4-5)$$

（3）最低需求满足率约束

属地应急物资分配要确保效果，满足灾区最基本的需求。然而，为了一味追求时间最小化，忽略了灾区的实际需求情况，制订出不合理的物资分配方案，导致可能出现有的受灾点分配到的物资量超过该点的实际需求，而有的受灾点分配到的物资量远远小于需求量，甚至没有分配到物资的现象，这与应急救援所追求的整体效果最优是相违背的，还会造成灾民的心理不平衡，不利于应急救援的实施。因此，通过设定最低需求满足率这一约束，限定受灾点各种物资需求的最低值，使得物资分配方案能兼顾分配效率和分配效果。

$$\sum_{i=1}^{m} x_{ijk} \geqslant \alpha_k d_{jk} \quad (4-6)$$

（4）容量约束

属地范围内可供使用的运输车辆有限，且车辆的容量也是有限的。因此，每个出救点所分配到受灾点的全部物资数量不能超过运输车辆的容量限制。

$$\sum_{j=1}^{n} \sum_{k=1}^{k} x_{ijk} c_k \leqslant h_i c \quad (4-7)$$

（5）重量约束

车辆的载重量也是有限的，每个出救点所分配到受灾点的全部物资数量不能超过运输车辆的重量限制。

$$\sum_{j=1}^{n} \sum_{k=1}^{k} x_{ijk} w_k \leqslant h_i w \quad (4-8)$$

（6）变量约束

由决策变量的定义可知，x_{ijk}为自然数。当$x_{ijk} > 0$时，即从出救点 i 向受灾点 j 点分配第 k 种物资；反之，当$x_{ijk} = 0$时，即不从出救点 i 向受灾点 j 分配第 k 种物资。u_{ij}为 0~1 变量，当$u_{ij} = 0$时，表示道路中断；反之，当 $u_{ij}=1$ 时，则表示道路未中断。

4.2.3.4 模型建立

整体模型建立如下：

（1）目标函数

最小化救援时间

$$\min f_1(x) = \sum\sum\sum x_{ijk}t_k + \sum\sum u_{ij}l_{ij}/v \qquad (4-9)$$

最大化需求满足率

$$\max f_2(x) = \sum\sum\sum x_{ijk} / \sum\sum d_{jk} \qquad (4-10)$$

（2）约束条件

$$\sum_{j=1}^{n} x_{ijk} \leq s_{ik} \qquad (4-11)$$

$$\sum_{i=1}^{m} x_{ijk} \leq d_{jk} \qquad (4-12)$$

$$\sum_{i=1}^{m} s_{ik} \leq \sum_{j=1}^{n} d_{jk} \qquad (4-13)$$

$$\sum_{j=1}^{n}\sum_{k=1}^{k} x_{ijk}c_k \leq h_i c \qquad (4-14)$$

$$\sum_{j=1}^{n}\sum_{k=1}^{k} x_{ijk}w_k \leq h_i w \qquad (4-15)$$

$$\sum_{i=1}^{m} x_{ijk} \geq \alpha_k d_{jk} \qquad (4-16)$$

$$x_{ijk} \geq 0 \text{ 且为整数} \qquad (4-17)$$

$$u_{ij} = 0 \text{ 或 } 1 \qquad (4-18)$$

$$\forall i \in I, j \in J, k \in K \qquad (4-19)$$

式（4-11）表示出救点 i 分配出的第 k 种物资不能超过该点的储备量；式（4-12）表示受灾点 j 分配到的第 k 种物资不能超过该点的需求量；式（4-13）表示所有出救点的第 k 种物资的储备量不能满足所有受灾点对该种物资的需求量；式（4-14）表示每个出救点分配的总物资量不能超过该点的运输车辆的容量限制；式（4-15）表示每个出救点分配

的总物资量不能超过该点的运输车辆的载重量限制；式（4-16）表示受灾点 j 分配到的第 k 种物资必须满足该点的最低需求；式（4-17）表示决策变量 x_{ijk} 为自然数；式（4-18）表示决策变量 u_{ij} 为 0~1 变量；式（4-19）表示出救点、受灾点以及物资种类的集合。

4.2.4 算法设计

灾害发生后第一时间内，属地应急物资的需求是不确定的，预测出的需求量也并不是确定值，在模型求解时会对最优解造成很大的影响，本节通过需求预测给出需求量的变化区间，即 $d_{jk} \in [d_{jk}^0, d_{jk}^0 + d_{jk}']$，以应对需求可能存在的变化。其中，$d_{jk}^0$ 为需求量名义值，是预测的最低需求，d_{jk}' 是需求的最大扰动值，设定扰动比例参数 $\theta = d_{jk}'/d_{jk}^0$。同时，将鲁棒优化参数 $\beta((d_{jk} - d_{jk}^0)/d_{jk}' \leq \beta)$ 代入模型，则模型中的不确定参数 d_{jk} 转化为确定性参数，不确定性模型也转化为确定性模型，转化后的模型如下：

4.2.4.1 目标函数

最小化救援时间

$$\min f_1(x) = \sum\sum\sum x_{ijk} t_k + \sum\sum u_{ij} l_{ij}/v \qquad (4-20)$$

最大化需求满足率

$$\max f_2(x) = \sum\sum\sum x_{ijk} / \sum\sum (d_{jk}^0 + \beta d_{jk}') \qquad (4-21)$$

4.2.4.2 约束条件

$$\sum_{j=1}^{n} x_{ijk} \leq s_{ik} \qquad (4-22)$$

$$\sum_{i=1}^{m} x_{ijk} \leq d_{jk}^0 + \beta d_{jk}' \qquad (4-23)$$

$$\sum_{i=1}^{m} s_{ik} \leq \sum_{j=1}^{n} (d_{jk}^0 + \beta d_{jk}') \qquad (4-24)$$

$$\sum_{j=1}^{n}\sum_{k=1}^{k} x_{ijk} \leq h_i c \qquad (4-25)$$

$$\sum_{j=1}^{n}\sum_{k=1}^{k} x_{ijk} w_k \leq h_i w \qquad (4-26)$$

$$\sum_{i=1}^{m} x_{ijk} \geq \alpha_{jk}(d_{jk}^0 + \beta d_{jk}') \qquad (4-27)$$

$$\forall i \in I, j \in J, k \in K \qquad (4-28)$$

(1) 染色体编码

研究多受灾点多出救点多种物资的物资分配问题,随着出救点或受灾点数量增多,初始解的规模将成倍扩大,所以将可行解作为编码元素的组成基因是不可取的。因此采用0编码方法:n个点则编码长度为n,基因为一定范围的整数的一个序列S,如n=5,则一个合法的染色体可表示为 [0, 1, 2, 4, 1]。

(2) 生成初始种群

生成包含多个个体的初始种群,确定种群规模,即种群中个体的数目。种群规模一定要适宜,太大或太小均会影响求解效果。

(3) 计算适应度

适应度函数用来对个体适应环境的能力进行评价,个体的适应度与该个体被保存的概率成正比。通常将目标函数设定为适应度函数,然而在实际情况下,目标函数可能要实现最小化目标,或者目标函数值可能为负数,此时就需要对目标函数进行相应的处理(例如倒数或相反数),将目标函数转化为适应度函数。

例如,数学模型的目标函数是应急救援总时间最短,那么适应度函数为:

$$\text{fitness}(i) = 1/\min f_1(x) \qquad (4-29)$$

其中,fitness(i) 表示第i个个体的适应度函数,即该个体对环境的适应能力。

(4) 选择

个体适应环境的能力越强,则生存下来并繁殖后代的可能越大。通常采用轮赌盘算子（Roulette Wheel Selection）对个体做出选择。

所有个体的累积适应度为

$$F = \sum \text{fitness}(i) \qquad (4-30)$$

第 i 个个体被选择的概率为

$$P_i = \text{fitness}(i)/F \qquad (4-31)$$

(5) 交叉

依照设定的概率，从种群中选择两个个体，随机交换它们的部分基因，产生新的基因组合，以期将适应度高的个体的基因加以组合。

(6) 变异

依照设定的概率，从初始种群中选择适当的个体进行变异操作。当随机生成的小数不大于变异概率时，进行变异操作。

(7) 迭代终止

当满足迭代终止条件时，对结果进行解码输出最优解，算法求解完成；否则，重复步骤（4）、步骤（5）、步骤（6），直至满足终止条件。

4.3 仿真算例

4.3.1 算例描述

R 地区位于西部某省，为自然灾害潜在发生地，共有大约 160 万人口，人口密度约为 614 人/平方千米。该地区经济发展良好，人均 GDP 达到 22 700 元（R 地区的相关数据，如表 4-1 所示）。为了实现灾害的先期处置、快速响应，以减少灾害造成的人员伤亡，确保经济发展，R 地区制定了相应的应急预案，在平时加强应急预警与应急演练，并在该地区的不同区域设置了用于储备应急物资的储备库，选的储备点的位置分布,如图4-3所示。

表4-1 R地区相关基础数据

人口(万)	面积(平方千米)	GDP(亿元)	人口密度(人/平方千米)	人均 GDP(元)
160	2 600 200	3 630	61 460	227 000

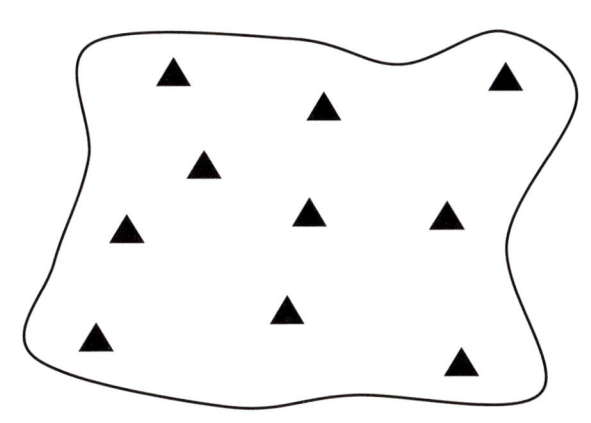

图4-3 物资储备点位置分布

目前,该地区的应急救援工作尚存在一些不足之处,针对这些问题本章也提出了相应的应对措施:

(1) 应急预案不完善

R地区政府所制定的应急预案尚不完善,由于人口密度较大,城镇化程度不高,且不同区域之间存在一定的差异,没有充分考虑到突发自然灾害造成的影响。因此,R地区政府需要综合考虑当地的人口密度等因素,深入分析灾害可能造成的破坏,制定更为科学合理的应急预案。

(2) 缺乏多元化的储备

目前,R地区的应急物资主要来源于各个储备库,在遇到灾害时可能会出现物资供应严重不足、调配不及时的问题。因此,政府部门还应加大和当地企业、大型超市的合作,确保灾害发生后应急物资的供应,同时保证物资储备的灵活性,降低物资储备的成本。

（3）缺少应急大数据的应用

没有实现与大数据的对接，在实际的应急救援中，无法实现实时监测，灾情信息也无法实时更新。因此，需要加强与天地一体化网络、大数据、云计算等大数据的融合，实现监测预警，捕捉有效信息。作为应急救援的末端，R 地区的应急救援意义重大，其应急物资分配的效果更是直接影响着整个应急救援的效果，因此需要针对该问题深入研究。

R 地区发生重大自然灾害，导致 10 个区域受灾，需要实施应急救援行动。该地区政府第一时间做出响应、开展应急救援，通过灾区的灾情上报及监测部门的报告，了解实时灾情，并针对不同种类的物资及时做出需求预测。根据 R 地区的人口资料、灾害等级、伤亡人数等收集的灾情信息，课题组预测出 10 处受灾点的名义需求量为：方便面 d_1 =（400，584，464，620，875，643，457，764，620，554），矿泉水 d_2 =（500，624，526，675，936，715，518，802，683，628），药品 d_3 =（86，94，92，120，150，116，89，116，104，92），棉被 d_4 =（135，163，140，176，245，179，138，206，168，155），扰动比例系数取值范围为 $\theta \in [0, 0.2]$，其中各种物资均为标准化包装。随后，R 地区政府迅速对本地物资储备点等进行搜索，根据就近、快速等原则，共得到符合应急救援要求的 5 个出救点。根据对收集到的有限灾情信息进行处理，假设扰动比例系数 θ 取值为 0.05、0.1，鲁棒优化参数 β 取值 0.2 代入模型进行求解[186]。根据受灾点的预测需求及出救点的物资储备量，制订科学合理的分配方案，实现快速精准救援，最大限度降低灾区损失。

假定车辆平均行驶速度为 60 千米/小时，车辆的容积为 15 立方米，载重量为 6 吨。以下表格是相关数据，主要包括各出救点不同物资的储备量、各受灾点不同物资的名义需求量、出救点到受灾点距离、各出救点车辆数、不同物资的单位装卸时间、不同物资的单位体积和质量、各种物资最低需求满足率等数据信息，如表 4 - 2 ~ 表 4 - 7 所示。

表 4-2　　　　　　　各出救点不同物资的储备量　　　　　　单位：件

出救点	1	2	3	4	5
方便面	600	1 600	1 300	700	850
矿泉水	760	600	840	1 800	1 350
药品	140	160	180	130	250
棉被	300	180	360	300	330

表 4-3　　　　　　　出救点到受灾点距离　　　　　　单位：千米

	受灾点1	受灾点2	受灾点3	受灾点4	受灾点5	受灾点6	受灾点7	受灾点8	受灾点9	受灾点10
出救点1	30	25	90	60	80	120	16	120	6	36
出救点2	98	40	48	55	60	126	66	73	32	14
出救点3	60	95	70	60	50	32	125	76	13	116
出救点4	26	14	35	55	96	18	36	75	22	46
出救点5	33	51	20	34	41	33	51	108	120	39

表 4-4　　　　　　　各出救点车辆数　　　　　　单位：辆

出救点	1	2	3	4	5
车辆数	8	10	11	10	9

表 4-5　　　　　　　单位物资装卸时间　　　　　　单位：小时/件

物资	方便面	矿泉水	药品	棉被
装卸能力	0.002	0.002	0.003	0.001

表4-6　　　　　　　　　　单位物资体积和重量

物资	方便面	矿泉水	药品	棉被
单位体积（立方米）	0.016	0.02	0.01	0.1
单位重量（吨）	0.002	0.01	0.01	0.005

表4-7　　　　　　　　各种物资最低需求满足率　　　　　　　　单位：%

物资	方便面	矿泉水	药品	棉被
最低满足率	50	60	50	40

4.3.2　算例求解

利用遗传算法对模型进行求解，设定了合适的算法参数，包括种群大小、最大遗传迭代次数、交叉概率以及变异概率。在遗传算法参数设定之后，利用MATLAB进行编程设计，运行程序求出计算结果，如表4-8所示。

表4-8　　　　　　　　　　算法参数

参数	参数值
种群大小	500
最大遗传迭代次数	100
交叉概率	0.7
变异概率	0.5

4.3.3　结果分析

通过对模型进行求解，得出了不同情形下的物资分配方案。

①当扰动比例系数θ取值为0.05，参数β取值为0.2时，求解得到

的应急物资分配方案，如表 4-9~表 4-12 所示。

表 4-9　　　　　出救点到受灾点的方便面分配量　　　　单位：件

	受灾点1	受灾点2	受灾点3	受灾点4	受灾点5	受灾点6	受灾点7	受灾点8	受灾点9	受灾点10
出救点1	13	0	40	172	196	0	74	27	0	0
出救点2	42	0	32	116	59	228	39	470	171	18
出救点3	138	94	31	0	281	0	0	0	192	325
出救点4	53	97	77	73	0	0	148	0	0	0
出救点5	0	104	73	130	24	158	178	0	0	0

表 4-10　　　　　出救点到受灾点的矿泉水分配量　　　　单位：件

	受灾点1	受灾点2	受灾点3	受灾点4	受灾点5	受灾点6	受灾点7	受灾点8	受灾点9	受灾点10
出救点1	55	0	7	0	0	0	102	48	224	83
出救点2	100	0	114	175	0	11	62	0	93	0
出救点3	0	54	128	50	0	0	3	217	100	26
出救点4	127	53	41	173	636	0	24	144	0	206
出救点5	21	292	66	72	0	422	137	173	53	94

表 4-11　　　　　出救点到受灾点的药品分配量　　　　单位：件

	受灾点1	受灾点2	受灾点3	受灾点4	受灾点5	受灾点6	受灾点7	受灾点8	受灾点9	受灾点10
出救点1	20	0	7	40	32	0	14	10	10	0
出救点2	13	10	24	0	41	27	0	2	26	7
出救点3	8	11	5	0	29	32	24	32	15	10
出救点4	18	2	2	36	0	1	0	26	18	18
出救点5	20	29	26	27	0	7	31	33	16	54

表4-12　　　　　出救点到受灾点的棉被分配量　　　　　单位：件

	受灾点1	受灾点2	受灾点3	受灾点4	受灾点5	受灾点6	受灾点7	受灾点8	受灾点9	受灾点10
出救点1	35	0	0	1	69	0	45	12	0	121
出救点2	8	0	34	26	0	26	24	22	36	0
出救点3	37	0	8	46	104	80	0	78	0	0
出救点4	21	66	38	60	0	0	8	0	24	10
出救点5	33	60	18	36	3	71	24	26	53	4

随着遗传算法种群迭代次数的增加，目标值应急响应时间逐渐降低，而后趋于稳定，收敛于25.044，取得最优解，即总应急救援时间为25.044小时，需求满足率为68.72%，如图4-4所示。

②当扰动比例系数 θ 取值为0.1，参数 β 取值为0.2时，求解得到的应急物资分配方案，如表4-13至表4-16所示。

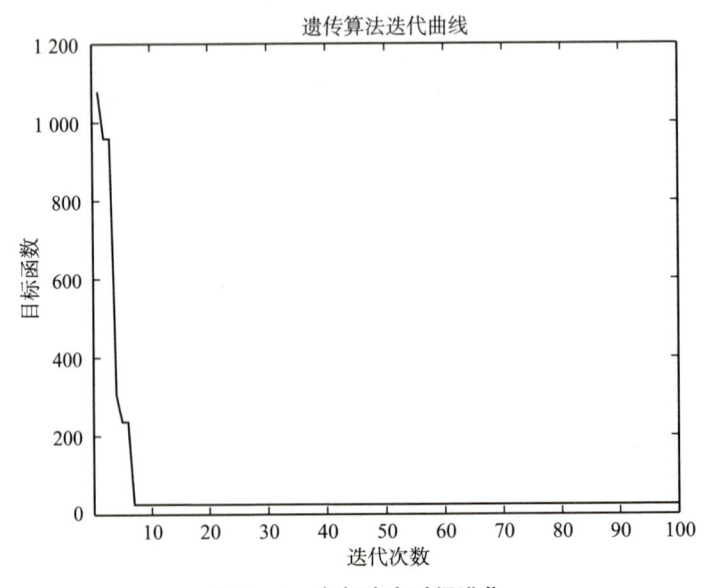

图4-4　应急响应时间进化

表 4-13　　　　　　　出救点到受灾点的方便面分配量　　　　　　　单位：件

	受灾点1	受灾点2	受灾点3	受灾点4	受灾点5	受灾点6	受灾点7	受灾点8	受灾点9	受灾点10
出救点1	25	0	0	122	0	60	218	124	0	0
出救点2	81	0	195	0	252	270	115	92	242	201
出救点3	268	0	0	106	130	220	0	233	122	12
出救点4	103	213	84	16	129	0	0	0	89	0
出救点5	0	146	53	124	23	58	0	82	58	142

表 4-14　　　　　　　出救点到受灾点的矿泉水分配量　　　　　　　单位：件

	受灾点1	受灾点2	受灾点3	受灾点4	受灾点5	受灾点6	受灾点7	受灾点8	受灾点9	受灾点10
出救点1	34	191	2	137	0	0	176	0	145	0
出救点2	86	17	0	28	97	0	9	73	113	139
出救点3	82	0	154	213	0	95	95	90	0	0
出救点4	56	226	75	0	319	287	0	340	259	145
出救点5	77	7	162	138	302	95	94	138	0	165

表 4-15　　　　　　　出救点到受灾点的药品分配量　　　　　　　单位：件

	受灾点1	受灾点2	受灾点3	受灾点4	受灾点5	受灾点6	受灾点7	受灾点8	受灾点9	受灾点10
出救点1	0	18	21	0	39	0	20	22	15	0
出救点2	22	20	8	21	48	30	0	0	9	0
出救点3	0	0	9	0	33	37	30	30	0	30
出救点4	0	2	15	19	0	2	0	19	32	37
出救点5	36	18	19	43	0	13	38	45	30	0

表 4-16　　　　　　出救点到受灾点的棉被分配量　　　　　　单位：件

	受灾点1	受灾点2	受灾点3	受灾点4	受灾点5	受灾点6	受灾点7	受灾点8	受灾点9	受灾点10
出救点1	21	0	0	78	61	0	66	48	0	24
出救点2	10	0	69	43	2	0	30	0	0	0
出救点3	35	0	12	66	0	77	0	24	84	59
出救点4	27	70	0	0	83	64	0	9	27	10
出救点5	43	0	43	0	52	5	44	50	58	34

随着遗传算法种群迭代次数的增加，目标值应急响应时间逐渐降低，而后趋于稳定，收敛于 25.089，取得最优解，即总应急救援时间为 25.089 小时，需求满足率为 68.4%，如图 4-5 所示。

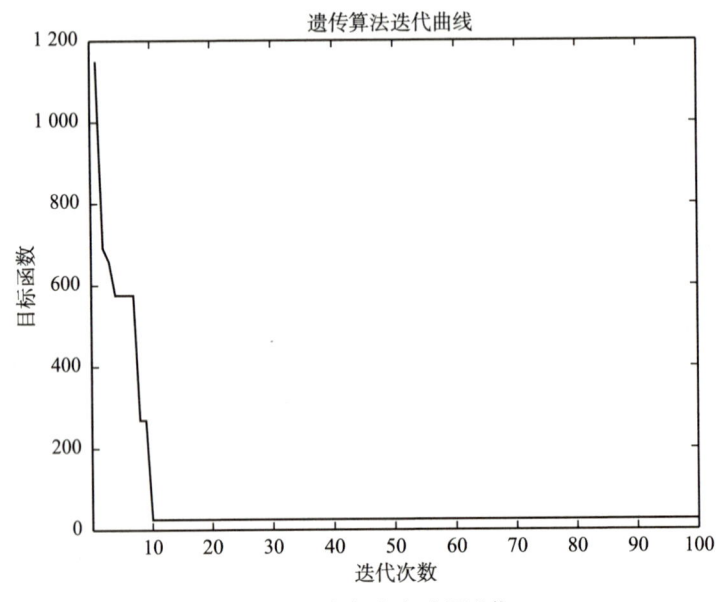

图 4-5　应急响应时间进化

综上所述，鲁棒优化参数为 0.2 时，扰动比例系数为 0.1 的情形与扰动比例系数为 0.05 的情形相比，总应急救援时间增加了 0.045 小时，需求满足率降低 0.32%，但总体偏差不大，这说明引入鲁棒优化参数后，可在一定程度消除需求不确定对分配结果造成的影响，能够较好协调模型的最优性和鲁棒性。因此我们认为鲁棒优化可以消除不确定需求的影响，降低了需求约束的保守性，提高了目标函数的最优性。

在不同鲁棒优化参数下进行模型求解，θ 的取值分别为 0.05、0.1，β 的取值分别为 0.2、0.5、0.8，求解结果如图 4-6、图 4-7 所示。

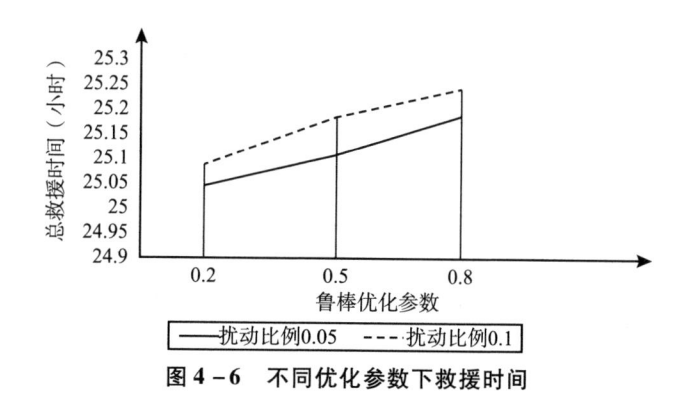

图 4-6 不同优化参数下救援时间

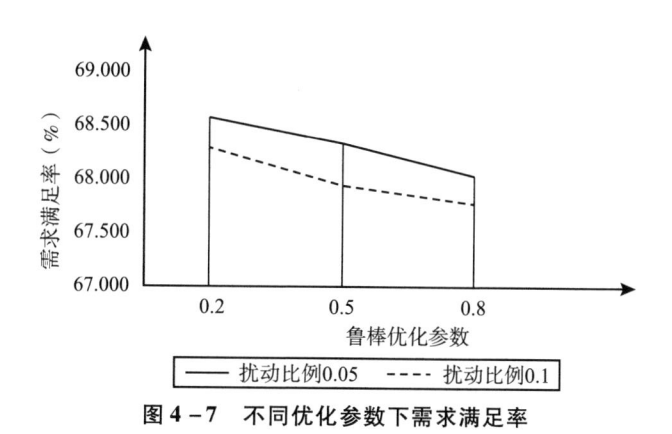

图 4-7 不同优化参数下需求满足率

从图 4-6、图 4-7 可以看出，扰动比例系数越大，救援总时间越大，需求满足率越低。这说明灾区需求越大，救援物资越短缺，所需救援时间越长。随着鲁棒优化参数的增加，救援总时间增加，需求满足率降低，但总体偏差不大。这说明当对灾情信息掌握程度越高，救援方案的最优性就越高；反之，当对灾情信息掌握程度越低，制订救援方案就会考虑较为保守，最优性也随之降低。因此，应该权衡对灾情信息的掌握程度，协调模型的最优性与鲁棒性。

通过上述分析，证明模型能很好地实现设定好的目标函数，即在救援时间最短的同时，保证物资需求的满意度。模型能够实现快速精准的应急救援，并且能够在实际的应急救援中，得到科学合理的应急物资分配方案，提高应急救援的效率，达到救援效果。

4.4 本章小结

本章介绍属地应急物资分配概念与原则，并重点进行了 R 地区属地应急物资分配系统分析。首先，介绍了 R 地区的基本概况以及目前应急救援存在的一些不足，并提出了应对方案。然后，阐述了 R 地区属地应急物资分配的关键要素、属地应急物资分配的流程以及不确定需求的物资分配鲁棒优化分析。在灾害发生第一时间，需要做到迅速响应，收集灾情信息，迅速确定受灾点，进行需求预测，搜索合适的出救点，制订最优的物资分配方案，从而减少灾区损失，实现应急救援效果。

通过定性分析确定所研究问题的模型架构，综合考虑属地应急物资分配模型的逻辑结构，进而主要通过定量分析的方法，构建了需求不确定条件下 R 地区应急物资分配的数学模型，以数学语言的形式展现要解决的问题。首先对要研究的问题做了一定的阐述，而后对模型的一些假设作了说明，进而进行模型构建，包括符号说明、目标函数分析、约束分析、建立模型以及模型转化。其中，在模型转化中，对物资需求量这个不确定性因素做了优化，通过预测给出了需求量的变化区间，使得不确定的需求处于一个变化区间。并对模型进行鲁棒优化处理，通过引入鲁棒优化参数β控制需求量在变化区间内的扰动，协调模型的最优性以及鲁棒性，使得模型求解可以得到最优解。

借助遗传算法，并设定了合适的算法参数（包括种群大小、最大遗传迭代次数、交叉概率以及变异概率），运用MATLAB编程进行模型求解。通过模型求解，得出了最优的应急物资分配方案。对不同情形下的应急物资分配结果进行分析，验证了模型的可行性以及有效性。通过以上研究，证实了本节的研究价值。

5

属地应急多种运输方式联合调度问题研究

5.1 属地应急联合调度综合分析

5.1.1 属地应急联合调度概述

突发事件发生后,属地政府要先期处置、快速响应。首先,根据突发事件的灾情信息,预测物资需求量。同时依据属地政府所掌握的属地应急资源信息,寻找属地范围内应急物资供应点及可供应的物资数量。在供给和需求已知后,分配现有应急物资,得到物资分配方案。其次,依据供应点现有运输工具种类和数量,合理调度运输工具,使在尽可能短的时间内,将所分配的物资尽可能多地运输到受灾点。

本章研究的属地应急联合调度,是指在属地范围内首批应急物资的多种运输方式联合调度问题,其本质是多出救点多受灾点多种运输方式满载直配的横向分流联合调度:

①首批物资,是指突发事件发生后,第一批要投送的生命救援与生活救助类物资,如药品、饮用水和食物等。

②多出救点多受灾点，是指多对多的应急物流调度问题。

③多种运输方式，是指为了运输首批物资而采用的运输工具，如汽车、直升机、无人机、快艇等。

④满载直配，是指每个运输工具只给一个受灾点运输物资。通常情况下，受灾点需求的物资量一般不小于运输工具容量，执行每个运输任务的运载工具可能不止一辆，即存在多个运载工具满足一个受灾点。

⑤横向分流联合调度，是指从一个出救点到一个受灾点物资运输中，各运输方式分割运输任务，同时、并行、立体化的共同完成运输任务的联合形式。

5.1.2 多种运输方式联合调度分析

联合运输按照其联合形式分为：纵向接力联合运输和横向分流联合运输[187]，两类联合运输形式不同，其各自特点和使用范围也不尽相同。

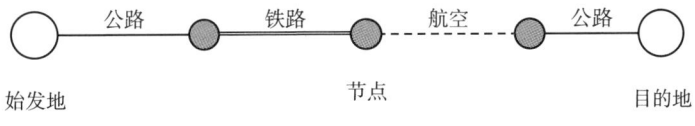

（1）纵向接力联合运输

纵向接力联合运输指为完成一次运输任务，发挥不同运输方式优势，使用两种及其以上运输方式相互衔接、中转、共同完成某项运输任务的过程。

其基本形式是：在一个运输网络中，有固定始发地和目的地，运输途中会经过许多节点，选择要经过哪些节点，在这些节点中可以换乘运输方式、装卸搬运、短期存储等活动，但是任意经过的两个点间只能使用一种运输方式。通过这种纵向接力联合运输，发挥不同运输方式优势，达到成本最低，时间最短等目的，其运输方式示意图如图 5-1 所示。

图 5-1 纵向接力联合运输

纵向接力联合运输最典型的代表是集装箱多式联运,这种联合运输形式适用于跨区域、长距离、大批量的运输,实现在不同运输方式,如车、船、飞机、火车之间无缝衔接。纵向接力联合运输优势在于增强运输距离延伸性,扩大运输范围。

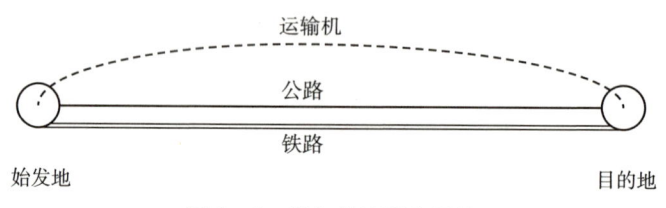

(2) 横向分流联合运输

横向分流联合运输,是指为完成一次运输任务,利用不同运输方式优势,使用两种及两种以上运输方式同时、并行、共同完成运输任务的过程。

其基本形式是在一个运输网络中,有固定始发地和目的地,运输途中不会在节点间换乘、装卸、停留,而是运输任务被分割,由不同的运输方式各自分担一部分运输任务,同时且并行运输,即同一时间有多种运输方式同时运输。通过这种横向分流联合运输,发挥不同运输方式优势,各运输方式分担运输,减少了突发事件对运输任务的干扰,增加运输柔性、灵活性、抗干扰性,其运输方式如图 5-2 所示。

图 5-2 横向分流联合运输

横向分流联合运输最典型的代表是立体投送,这种联合运输形式适用于区域内、中短程距离、小批量的运输,实现不同运输方式,如车、船、直升机的立体化、并行化运输。横向分流联合运输优势在于提高运输路线弹性,降低网络中节点失效或路径中断带来的风险。

(3) 两种形式联合运输对比分析

纵向接力和横向分流两种形式联合运输相同点表现在:

①使用多种运输方式。

②强调各企业或组织间密切合作,共同完成一项运输任务。

纵向接力和横向分流两种形式联合运输不同点表现,如表 5-1 所示。

①适用范围不同:纵向接力运输适用于跨区域、长距离、大批量运输,而横向分流运输更适用于区域内、中短程距离、小批量运输;

②联合方式不同:纵向接力运输的联合方式是无缝衔接,而横向分流运输的联合方式是同时并行;

③是否中转不同:纵向接力运输是带中转的换乘运输,而横向分流运输是直达无换乘运输;

④运输工具种类不同:纵向接力运输偏向重型大批量的运输工具,而横向分流运输偏向轻型灵活的运输工具;

⑤优势不同:纵向接力运输优势在于增强运输距离延伸性,扩大运输范围,而横向分流运输优势在于提高运输路线弹性,降低网络中节点失效或路径中断带来的风险。

表 5-1　　　　　　　　两种形式联合运输不同点

项目	纵向接力运输	横向分流运输
适用范围	跨区域、长距离、大批量运输	区域内、中短程距离、小批量运输
联合方式	无缝衔接	同时并行
是否中转	中转换乘	直达无换乘
运输工具	重型大批量	轻型灵活
特色优势	运输距离延伸性,扩大运输范围	路线弹性,降低路径节点中断风险

属地应急指在突发事件发生后,在外部应急资源尚未达到前,利用属地现有的资源和运输工具,快速组织救援物资运输投送。针对属地应急区域性、距离较短性、运输道路网可能中断的特点,选择横向分流联合运输形式更加适用于属地应急救援实际情况。

5.1.3　多种运输方式联合调度架构

从属地应急物流调度系统关键要素可知，运输工具的承受载体是运输网络，即运输工具装载应急物资到达受灾点的前提是运输网络可通行。地震、泥石流等地质灾害往往造成道路运输网的破坏，使部分或全部道路中断；大雾、暴雨等恶劣气候天气会造成航空运输网的中断，影响应急救援物资的运输。所以，在实施多种运输方式的联合调度时，首先考虑从各出救点到各受灾点的运输网络状况。当出救点到受灾点有应急物资运输任务时，优先考虑运输网络受到破坏最严重的运输路线，优先安排运输工具满足其运输任务，然后再考虑运输网络破坏较严重、运输网络完好的运输任务。在此基础上可以生成多种运输方式联合调度的初始方案。寻找最优调度方案过程，就是围绕不同联合调度方案演化进行。

属地政府综合考虑现有应急物资及受灾点需求情况，快速完成应急物资分配方案；结合突发事件的种类及强度、应急物资的种类和受灾区域的承受程度，确定最低满足率；利用属地出救点现有的运输工具情况，考虑不同运输方式下各出救点到受灾点间的距离、运输时间、运输道路状态（是否中断），在满足受灾点物资最低满足率基础上，可以得到多种运输方式联合调度方案 A，即出救点 i 到受灾点 j 在 r 种运输方式下，调度了多少运输工具，并且可求出该调度方案下的应急响应时间和运力满足率；通过对联合调度方案的演化或者变异，得到演化后的联合调度方案 B，如果演化后的联合调度方案的目标值比演化前的目标值更优的话，保留演化后的联合调度方案，并在此基础上，再次演化，直到满足一定条件，目标值趋于稳定，达到最优联合调度方案，如图 5 - 3 所示。

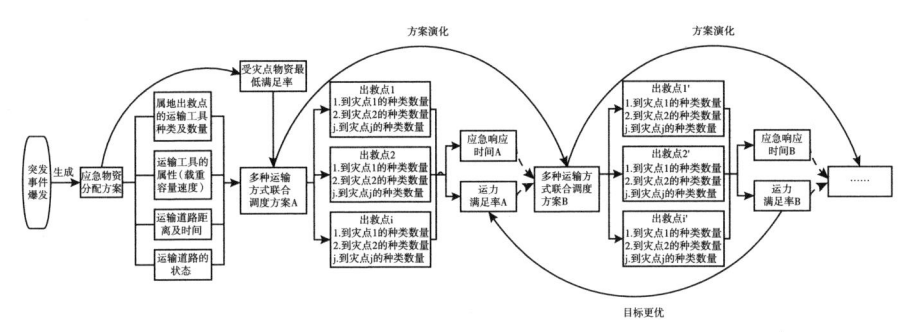

图 5-3 联合调度架构

5.2 属地应急多种运输方式联合调度模型

5.2.1 问题描述

本章研究的问题是：突发事件发生及物资分配方案完成后，首批应急物资（主要是指生命救援与生活救助类物资）的多种运输方式联合调度问题。其本质是多出救点多受灾点多种运输方式满载直配的横向分流联合调度问题。在多种运输方式联合调度中，运输工具种类和数量有限情况下，考虑运输网存在中断的情况，以及各种运输工具容量、载重量、速度等因素，合理调度运输工具，在尽可能短的时间内，将所分配物资尽可能多的运输到受灾点。

多出救点多受灾点应急物流中，出救点 i 分配到受灾点 j 的物资量是 A_{ij}，存在 r 种运输方式，出救点 i 拥有第 r 种运输方式运输工具的数量 K_{ir}，出救点 i 到受灾点 j 在第 r 种运输方式下距离是 d_{ijr}，每个 r 种运输工具载重量是 W_r，容量是 V_r，采用一定的调度策略，如何安排各运输工具运输路线，使总应急响应时间最短的前提下，总运力满足率最高，问题描述，如图 5-4 所示。

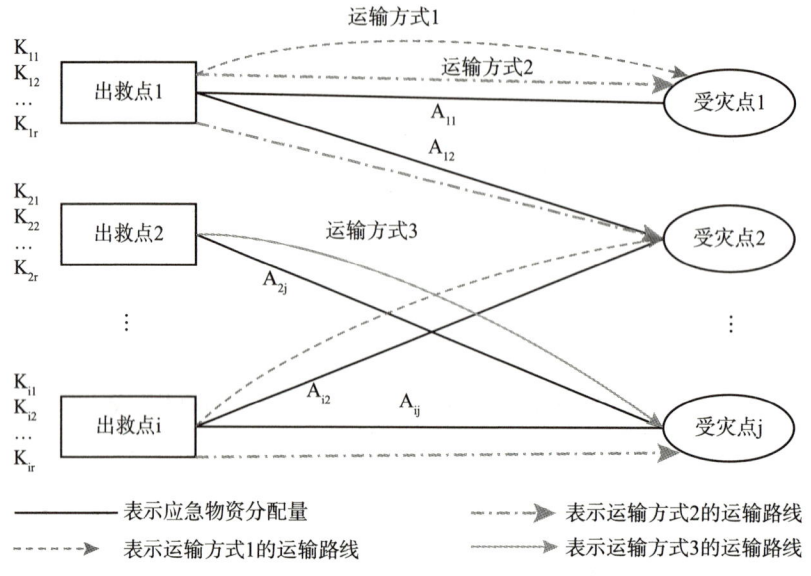

图 5-4 属地应急多种运输方式联合调度问题描述

5.2.2 假设说明

假设一：从出救点到受灾点不同运输方式的行驶距离不同，且各出救点受灾点间不同运输方式的距离可获得；

假设二：出救点到受灾点在不同运输方式下的道路状况可通过"3S"技术（RS、GIS、GPS）获取；

假设三：出救点物资可供给量已知、受灾点物资需求量可通过预测得到，且出救点到受灾点物资分配方案可获得；

假设四：出救点运输工具种类和数量可以获得；

假设五：出救点间不允许调度运输工具；

假设六：同种运输工具装载重量容量速度均一致。

5.2.3 模型构建

5.2.3.1 模型参数

I：应急物资出救点的集合；

J：应急物资受灾点的集合；

R：运输方式的集合；

A_{ij}：出救点 i 分配到受灾点 j 物资数量；

W_0：单位应急物资的重量；

V_0：单位应急物资的体积；

ε：受灾点的最低满足率；

Q_j：受灾点 j 的物资需求数量；

K_{ir}：出救点 i 拥有第 r 种运输工具数量；

W_r：第 r 种运输工具最大载重量；

V_r：第 r 种运输工具最大容积；

d_{ijr}：出救点 i 到受灾点 j 在第 r 种运输方式下的运输距离；

t_{ijr}：出救点 i 到受灾点 j 在第 r 种运输方式下的运输时间；

ρ_{ijr}：出救点 i 到受灾点 j 在第 r 种运输方式下的道路是否可通行，道路畅通为 1，道路中断为 0；

v_r：第 r 种运输方式的运输速度；

T_r：第 r 种运输方式下单位运输工具装货时间；

M：一个极大正数。

5.2.3.2 决策变量

x_{ijr}：0~1 变量，表示出救点 i 是否调度第 r 种运输工具到受灾点 j，若是取值为 1，否则为 0；

y_{ijr}：整数变量，表示出救点 i 到受灾点 j 共调度第 r 种运输工具数量。

5.2.3.3 目标分析

通过 1.3.4 小节分析研究文献可以发现，目前考虑应急车辆调度问题常用的目标有：总成本最少、总时间最短、需求满意度最大（或未满足率最小）三方面。结合研究属地应急物流首批应急物资的投送问题，强调快速响应、先期处置的原则，所以本章暂不考虑应急成本的目标。在保证最低满足率要求下，以总应急响应时间最短作为主要目标，以总运力满足率最大作为次要目标。

（1）总应急响应时间最短

多出救点多受灾点多运输方式调度问题中，对于每一个受灾点来说，由于出救点不同、运输方式不同，导致到达该受灾点运输工具的时间也不相同，也就是说，对于某一个受灾点，可能会陆续接收到来自不同出救点不同运输工具的应急物资。

那么，受灾点 j 的应急响应时间是指从应急调度开始，到受灾点 j 接收到最后到达物资的时间，参与响应的 i 个出救点第 r 种运输方式的时间为 T_{1j1}，T_{1j2}，T_{1j3}，…，T_{2j1}，T_{2j2}，T_{2j3}，…，T_{ij1}，T_{ij2}，…，T_{ijr}，受灾点 j 的应急响应时间 T(j) 必满足[188]：

$$T(j) = \max\{T_{1j1}, T_{1j2}, T_{1j3}, \cdots, T_{2j1}, T_{2j2}, T_{2j3}, \cdots, T_{ij1}, T_{ij2}, \cdots, T_{ijr}\} \quad (5-1)$$

其中，每条运输路线的时间 T_{ijr}，包括运输行驶时间和装卸时间：

$$T_{ijr} = x_{ijr} t_{ijr} + y_{ijr} T_r \quad (5-2)$$

那么，所有受灾点的总应急响应时间为：

$$TT = \sum_j T(j) \quad (5-3)$$

（2）总运力满足率最大

由于需求满足率等于实际运输的物资总量/需求的物资总量 × 100%，然而研究调度的是运输工具种类和数量。通过运输工具装载应急物资送达受灾点，以此来满足受灾点的需求。为了将调度的运输工具和受灾点的应急物资需求量对等起来，将受灾点的应急物资需求量转化

成对应的受灾点的应急运力需求量,即受灾点 j 对出救点 i 的物资需求量 A_{ij} 转化成运力需求为:

$$A_{ij} \Rightarrow \{A_{ij}W_0, A_{ij}V_0\} \quad (5-4)$$

出救点 i 到受灾点 j 实际调度的所有运输工具数量 y_{ijr} 转换成实际提供的运力为:

$$\{y_{ij1}, y_{ij2}, \cdots, y_{ijr}\} \Rightarrow \{\sum_r y_{ijr}W_r, \sum_r y_{ijr}V_r\} \quad (5-5)$$

受灾点 j 的运力需求满足率,即从所有出救点到达受灾点 j 的所有种类运输工具的载重量或容积之和占受灾点 j 所有的运力需求的载重量或体积之和比值的最小值为:

$$D_{sr}(j) = \min\left\{\frac{\sum_i \sum_r y_{ijr}W_r}{\sum_i A_{ij}W_0}, \frac{\sum_i \sum_r y_{ijr}V_r}{\sum_i A_{ij}V_0}\right\} \quad (5-6)$$

那么总运力满足率,即所有调出的运输工具的载重量或容积之和占所有受灾点运力需求的载重量或体积之和比值的最小值为:

$$TD_{sr} = \min\left\{\frac{\sum_i \sum_j \sum_r y_{ijr}W_r}{\sum_i \sum_j A_{ij}W_0}, \frac{\sum_i \sum_j \sum_r y_{ijr}V_r}{\sum_i \sum_j A_{ij}V_0}\right\} \quad (5-7)$$

5.2.3.4 约束分析

通过对属地应急物流调度系统关键要素分析,可以得到 7 个方面的约束:运输工具数量约束、载重量和体积约束、最低满足率约束、运输网络状况约束、决策变量间约束、运输时间约束以及变量取值约束。

(1) 运输工具数量约束

出救点拥有运输工具的种类和数量都是已知且有限的,其值为 K_{ir}。当出救点调度运输工具时,其调出每种运输工具的总数不能超过其拥有的数量,即:

$$\sum_j y_{ijr} \leq K_{ir} \quad (5-8)$$

(2) 载重量和体积约束

出救点 i 到受灾点 j 调度的所有运输方式总运力要小于等于所需运

力的最大值，即不能为了追求总运力满足率最大化的目标而派出空载行驶的运输工具。

$$\sum_r y_{ijr} W_r \leqslant A_{ij} W_0 \quad (5-9)$$

$$\sum_r y_{ijr} V_r \leqslant A_{ij} V_0 \quad (5-10)$$

考虑到受灾点的运力需求小于一个运输工具的载重量或体积时，无法满足式（5-9）或式（5-10）的约束，则需要对已调度运力进行修正：

if BB(i, j) > AA(i, j)
　BB(i, j) = AA(i, j);
end

上述代码中，BB(i, j) 表示从出救点 i 到受灾点 j 实际调出的运力，AA(i, j) 表示从出救点 i 到受灾点 j 的运力需求。当从出救点 i 到受灾点 j 实际调出的运力超过需求运力且减少一个运输工具后，实际调出运力不满足需求运力时，这时需要使运力需求值赋值给实际调出运力值，对实际调出运力值进行修正。例如，从出救点 1 需要调度 3t 物资到受灾点 2，而车辆的载重量是 2t，即 1 辆车运力不足，2 辆车运力过剩，不满足式（4-9）的约束，故将实际调出的运力 4t 修正为 3t。

（3）最低满足率约束

突发事件后，出救点的运输工具种类和数量往往是有限的，在某些运力不足的出救点，其所能提供的运力小于已分配物资任务的需求运力。在追求总应急响应时间最短的目标下，如果没有最低满足率的约束，求解得出的方案可能会以牺牲满足率为条件，获得总应急响应时间的最短，而这却不符合实际情况，故设定最低满足率，在保证最低应急需求后，追求总应急响应时间最短：

$$\sum_r y_{ijr} W_r \geqslant \varepsilon A_{ij} W_0 \quad (5-11)$$

最低满足率 ε 满足，

$$0 \leqslant \varepsilon \leqslant 1 \quad (5-12)$$

(4) 运输网络状况约束

突发事件，尤其是地震发生后，往往会导致道路等基础运输网络的破坏，又可能由于恶劣气候原因，导致航空运输路线无法通行。针对突发事件导致运输网络遭到破坏的情况，需要对运输工具的调度进行约束。当出救点 i 到受灾点 j 在第 r 种运输方式下的道路中断时（$\rho_{ijr}=0$），该条运输路线不被选择，此时 $x_{ijr}=0$；当运输网络畅通时（$\rho_{ijr}=1$），x_{ijr} 可以取 0 或 1 时：

$$x_{ijr} \leqslant \rho_{ijr} M \tag{5-13}$$

(5) 决策变量间约束

决策变量 x_{ijr} 和 y_{ijr} 是直接相关的，从这两个决策变量的定义可以发现，当 $x_{ijr}=1$，即出救点 i 到受灾点 j 的第 r 种运输方式被选择，那么此时 $y_{ijr} \geqslant 1$；当 $x_{ijr}=0$，即出救点 i 到受灾点 j 的第 r 种运输方式没有被选择，那么此时 $y_{ijr}=0$，转换成数学语言就是：

$$y_{ijr} \leqslant x_{ijr} M \tag{5-14}$$

$$x_{ijr} \leqslant y_{ijr} M \tag{5-15}$$

(6) 运输时间约束

出救点 i 到受灾点 j 在第 r 种运输方式下，运输时间是该运输方式的距离除以运输平均速度，即：

$$t_{ijr} = \frac{d_{ijr}}{v_r} \tag{5-16}$$

(7) 变量取值约束

由决策变量的定义可知，x_{ijr} 为 0~1 变量，y_{ijr} 为大于或等于 0 的整数。

5.2.3.5 建立模型

(1) 目标函数

主要目标：总应急响应时间最短

$$\min TT = \sum_j T(j) \tag{5-17}$$

次要目标：总运力满足率最大

$$\max TD_{sr} = \min\left\{\frac{\sum_i \sum_j \sum_r y_{ijr}W_r}{\sum_i \sum_j A_{ij}W_0}, \frac{\sum_i \sum_j \sum_r y_{ijr}V_r}{\sum_i \sum_j A_{ij}V_0}\right\} \quad (5-18)$$

（2）约束条件

$$\sum_j y_{ijr} \leqslant K_{ir}, \quad \forall i \in I, r \in R \quad (5-19)$$

$$\sum_r y_{ijr}W_r \geqslant \varepsilon A_{ij}W_0, \quad \forall i \in I, j \in J \quad (5-20)$$

$$\sum_r y_{ijr}W_r \leqslant A_{ij}W_0, \quad \forall i \in I, j \in J \quad (5-21)$$

$$\sum_r y_{ijr}V_r \geqslant \varepsilon A_{ij}V_0, \quad \forall i \in I, j \in J \quad (5-22)$$

$$\sum_r y_{ijr}V_r \leqslant A_{ij}V_0, \quad \forall i \in I, j \in J \quad (5-23)$$

$$x_{ijr} \leqslant \rho_{ijr}M, \quad \forall i \in I, j \in J, r \in R \quad (5-24)$$

$$y_{ijr} \leqslant x_{ijr}M, \quad \forall i \in I, j \in J, r \in R \quad (5-25)$$

$$x_{ijr} \leqslant y_{ijr}M, \quad \forall i \in I, j \in J, r \in R \quad (5-26)$$

$$t_{ijr} = \frac{d_{ijr}}{v_r}, \quad \forall i \in I, j \in J, r \in R \quad (5-27)$$

$$x_{ijr} = 0 \text{ 或 } 1, \quad \forall i \in I, j \in J, r \in R \quad (5-28)$$

$$y_{ijr} \geqslant 0 \text{ 且为整数}, \quad \forall i \in I, j \in J, r \in R \quad (5-29)$$

式（5-19）表示每个出救点调度的某种运输工具数量不能大于该出救点拥有该种运输工具的数量；式（5-20）和式（5-21）表示出救点到受灾点调度总运力的载重量必须大于其分配运输任务最小满足率的重量，且小于其分配运输任务最大需求运力的重量；式（5-22）和式（5-23）表示出救点到受灾点调度的总运力的容积必须大于其分配运输任务最小满足率的体积，且小于其分配运输任务最大需求运力的体积；式（5-24）表示运输网络状态对决策变量的约束；式（5-25）和式（5-26）表示决策变量间约束，即当该条路径不被选择时，此时该条路径调度的运输工具数为0，当该条路径被选择时，此时该条路径调度的运输工具数大于0；式（5-27）表示运输时间的约束；式（5-28）和式（5-29）是决策变量取值的约束。

5.2.4 算法设计

遗传算法的求解需要经过参数初始化、染色体编码、初始种群设定、适应度函数计算、选择、交叉、变异等几个步骤。下面结合仿真算例，对算法的求解思路介绍：

（1）参数初始化

参数主要包含两部分：模型参数和算法参数。模型参数就是用于计算求解的基础数据及算法求解过程中的中间变量的初始值设定；算法参数包括：种群规模、染色体长度、最大迭代次数、交叉率、变异率等。

（2）染色体编码

调度问题研究，随着出救点或受灾点数量的增多，初始解的规模将呈倍数增长。为了便于求解，将染色体的组成元素设定为出救点及受灾点的顺序，假设有2个出救点和4个受灾点，定义染色体的长度是：

出救点数×受灾点数 + 出救点数 = 2×4 + 2 = 10，如图5-5所示。

3	2	1	4	2	1	4	3	2	1

出救点1对受灾点顺序 ｜ 出救点2对受灾点顺序 ｜ 出救点顺序

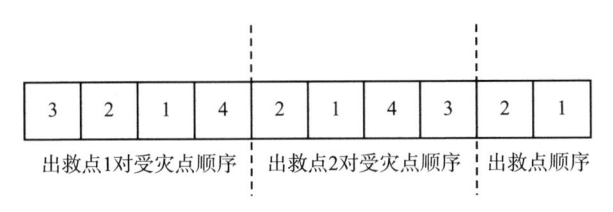

图5-5 染色体编码

出需求预测，10处受灾点的预测需求量为 Q =（283，295，232，295，484，543，318，273，353，463）单位物资。紧接着，应急物流指挥中心对接属地政府的应急资源信息。

由上述染色体个体可知，该个体运输工具调度顺序是：出救点2——受灾点2、1、4、3；然后是，出救点1——受灾点3、2、1、4。通过这个编码原则，可以确定出救点和受灾点顺序。

(3) 初始种群设定

遗传算法求解过程是从初始种群开始搜索的，所以在开始搜索前需要生成一组个体构成的初始种群作为起点。生成初始种群，需要首先确定种群规模的大小，即该种群中包含多少个体。如果种群规模太小，则会直接影响到搜索效果，如果种群规模太大，会出现计算量过大且收敛慢的现象。

(4) 适应度函数的计算

适应度函数是评价个体适应环境的能力，适应度越大的个体被保留下来的概率越大。通常情况下，将目标函数设定为适应度函数。然而在实际中，目标值并不总是大于 0，且目标值可能追求最小化，这时需要加负号或者转变成倒数，来实现目标函数和适应度函数的关联转变。

例如，目标是总应急响应时间最小，那么适应度函数为：

$$\text{fitness}(i) = 1/\min \sum_j T(j) \tag{5-30}$$

其中，fitness(i) 表示第 i 个个体对应的适应度。

(5) 选择

与自然界法则类似，越适应的个体就越有可能生存下来并且繁殖后代。但是并不是说适应度越高的个体就肯定后代越多，这只是符合概率特性。通常使用轮赌盘算子（Roulette Wheel Selection）做选择。

先求出所有个体对应的累积适应度：

$$F = \sum_i \text{fitness}(i) \tag{5-31}$$

那么第 k 个个体被选择的概率为：

$$P(k) = \text{fitness}(k)/F \tag{5-32}$$

(6) 交叉

遗传算法中产生新个体的主要方式是通过交叉运算，它是指在满足一定概率情况下交换两个适应度较高个体的部分基因。只有随机产生的小数不大于交叉概率时，才发生交叉操作。具体的做法是先随机选择两个出救点，将第（4）步选择的两个个体分别提取出救点所对应受灾点的顺序，并在这两个个体间交换受灾点顺序，生成两个新的子代个体。

（7）变异

按照提前设定的变异概率，从初始种群中选择进行变异的个体。当随机产生的小数不大于变异概率时，发生变异操作。再次生成的小数小于某一设定的概率值时，只交换其中两个受灾点顺序；否则，交换两个出救点顺序。

5.3 仿真算例

5.3.1 算例描述

某一地区发生特大自然灾害，导致10个区域成为受灾区。属地政府第一时间做出响应、开展应急救援。通过灾区的灾情上报及监测报告，了解灾情的情况，并及时做出需求预测，10处受灾点的预测需求量为 Q =（283，295，232，295，484，543，318，273，353，463）单位物资。紧接着，应急物流指挥中心对接属地政府的应急资源信息库，共搜索到符合条件要求的出救点5个，分别来自政府的应急物资储备库和企业的仓库。根据受灾点预测需求量及出救点的物资可供给量，生成物资分配方案，如表5-2所示。

已知该物资的单位重量是0.04t，单位体积是0.15m^3。经过查询属地政府的应急资源信息库，获得这5个出救点现有运输工具的种类和数量信息，如表5-3所示。

表 5-2　　　　　　　　出救点到灾区的物资分配方案　　　　　　　单位：件

	灾区1	灾区2	灾区3	灾区4	灾区5	灾区6	灾区7	灾区8	灾区9	灾区10
出救点1	0	0	135	41	168	0	0	142	50	126
出救点2	52	158	25	162	0	82	172	25	155	60
出救点3	128	0	30	0	133	162	0	66	0	143
出救点4	0	137	0	92	55	155	146	0	148	0
出救点5	103	0	42	0	128	144	0	40	0	134

表 5-3　　　　　　　　出救点运输工具种类和数量

	直升机（辆）	无人机（辆）	汽车（辆）
出救点1	2	5	10
出救点2	3	8	15
出救点3	1	6	15
出救点4	0	5	12
出救点5	0	3	9

这三种运输工具的载重量、容积、平均速度、装卸时间，如表 5-4 所示。

表 5-4　　　　　　　　三种运输工具属性

	载重量（吨）	容积（立方米）	平均速度（千米/小时）	单位装卸时间（辆/小时）
直升机	2	8	100	0.6
无人机	0.5	2	60	0.2
汽车	3	12	40	0.3

经过电子地图和地理信息系统的测量及推测，可得到这 5 个出救点到 10 个灾区在不同种运输方式下的距离，如表 5-5～表 5-7 所示。

表 5－5　　　　　　　出救点到灾区直升机路径距离　　　　　　单位：千米

	灾区 1	灾区 2	灾区 3	灾区 4	灾区 5	灾区 6	灾区 7	灾区 8	灾区 9	灾区 10
出救点 1	20	15	80	50	70	93	12	94	5	30
出救点 2	90	30	40	45	50	97	51	56	25	11
出救点 3	50	85	60	50	40	24	97	60	10	91
出救点 4	20	10	27	43	75	13	27	58	17	5
出救点 5	25	40	16	26	32	24	39	86	92	30

表 5－6　　　　　　　出救点到灾区无人机路径距离　　　　　　单位：千米

	灾区 1	灾区 2	灾区 3	灾区 4	灾区 5	灾区 6	灾区 7	灾区 8	灾区 9	灾区 10
出救点 1	18	16	76	48	68	83	11	85	4	27
出救点 2	86	28	35	43	46	87	46	50	22	10
出救点 3	47	83	59	48	38	21	87	54	9	82
出救点 4	18	9	24	38	68	12	25	52	15	4
出救点 5	23	36	14	23	28	22	35	77	83	27

表 5－7　　　　　　　出救点到灾区汽车路径距离　　　　　　单位：千米

	灾区 1	灾区 2	灾区 3	灾区 4	灾区 5	灾区 6	灾区 7	灾区 8	灾区 9	灾区 10
出救点 1	30	25	90	60	80	120	16	123	6	39
出救点 2	100	40	50	55	60	126	66	73	32	14
出救点 3	60	95	70	60	50	31	126	78	13	118
出救点 4	26	13	35	55	98	17	36	75	22	6
出救点 5	33	52	21	34	41	32	51	111	120	39

遗传算法参数设定，如表 5－8 所示。

表 5-8 算法参数

参数	参数值
种群大小	20
最大遗传代数	300
交叉概率	0.8
变异概率	0.5

属地政府要求，所有受灾点的最低满足率 $\varepsilon=0.7$，以保证受灾区域的基本应急需要。

那么，需要解决的问题是：根据现有的运输工具种类和数量，在保证最低满足率前提下，尽可能短的时间内将更多物资投送到灾区。

5.3.2 算例求解

（1）运输网畅通时的调度方案

按照 1.4 小节的求解思路，使用 Matlab R2016b 编程并运算，得到最优调度方案，如表 5-9~表 5-13 所示。

表 5-9 出救点 1 的运输工具调度方案

出救点	灾区	运输方式	调度数量
1	3	3	2
1	4	3	1
1	5	2	5
1	5	3	1
1	8	1	2
1	9	3	1
1	10	3	2

即出救点1——灾区3,调度汽车2辆;出救点1——灾区4,调度汽车1辆;出救点1——灾区5,调度无人机5架、汽车1辆;出救点1——灾区8,调度直升机2架;出救点1——灾区9,调度汽车1辆;出救点1——灾区10,调度汽车2辆。

表5-10　　　　　　　出救点2的运输工具调度方案

出救点	灾区	运输方式	调度数量
2	1	1	1
2	2	2	3
2	2	3	1
2	3	1	1
2	4	3	2
2	6	1	1
2	6	2	1
2	7	3	2
2	8	3	1
2	9	3	2
2	10	2	4
2	10	3	1

即出救点2——灾区1,调度直升机1架;出救点2——灾区2,调度无人机3架、汽车1辆;出救点2——灾区3,调度直升机1架;出救点2——灾区4,调度汽车2辆;出救点2——灾区6,调度直升机1架、无人机1架;出救点2——灾区7,调度汽车2辆;出救点2——灾区8,调度汽车1辆;出救点2——灾区9,调度汽车2辆;出救点2——灾区10,调度无人机4架、汽车1辆。

表 5-11　　　　　　　　出救点 3 的运输工具调度方案

出救点	灾区	运输方式	调度数量
3	1	3	2
3	3	2	1
3	3	3	1
3	5	3	2
3	6	3	2
3	8	3	1
3	10	1	1
3	10	2	5

即出救点 3——灾区 1，调度汽车 2 辆；出救点 3——灾区 3，调度无人机 1 架、汽车 1 辆；出救点 3——灾区 5，调度汽车 2 辆；出救点 3——灾区 6，调度汽车 2 辆；出救点 3——灾区 8，调度汽车 1 辆；出救点 3——灾区 10，调度直升机 1 架、无人机 5 架。

表 5-12　　　　　　　　出救点 4 的运输工具调度方案

出救点	灾区	运输方式	调度数量
4	2	3	2
4	4	3	2
4	5	2	4
4	6	3	3
4	7	3	2
4	9	2	1
4	9	3	2

即出救点 4——灾区 2，调度汽车 2 辆；出救点 4——灾区 4，调度汽车 2 辆；出救点 4——灾区 5，调度无人机 4 架；出救点 4——灾区 6，

调度汽车 3 辆；出救点 4——灾区 7，调度汽车 2 辆；出救点 4——灾区 9，调度无人机 1 架、汽车 2 辆。

表 5-13　　　　　　　　出救点 5 的运输工具调度方案

出救点	灾区	运输方式	调度数量
5	1	3	2
5	3	3	1
5	5	3	2
5	6	3	2
5	8	2	3
5	10	3	2

即出救点 5——灾区 1，调度汽车 2 辆；出救点 5——灾区 3，调度汽车 1 辆；出救点 5——灾区 5，调度汽车 2 辆；出救点 5——灾区 6，调度汽车 2 辆；出救点 5——灾区 8，调度无人机 3 架；出救点 5——灾区 10，调度汽车 2 辆。

在此调度方案下：

总应急响应时间为 TT = 20.4417

总运力满足率为 TDsr = 0.9354

随着遗传算法种群的进化迭代，目标值总应急响应时间逐渐降低，大概迭代 130 次趋于稳定，收敛于 20.4417，取得最优解，如图 5-6 所示。

随着遗传算法种群的迭代，总应急响应时间逐渐降低，种群的平均应急响应时间也逐渐降低，在应急响应时间附近波动。所以，算法的迭代过程也使整个种群都朝着最优解方向进化，如图 5-7 所示。

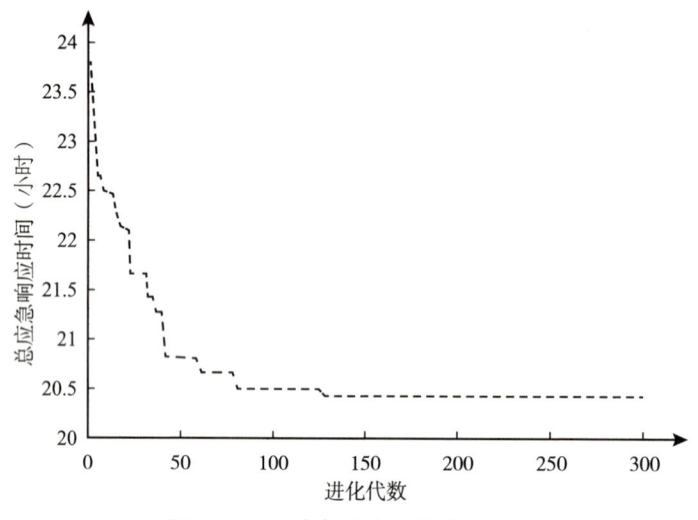

图 5-6　总应急响应时间优化过程

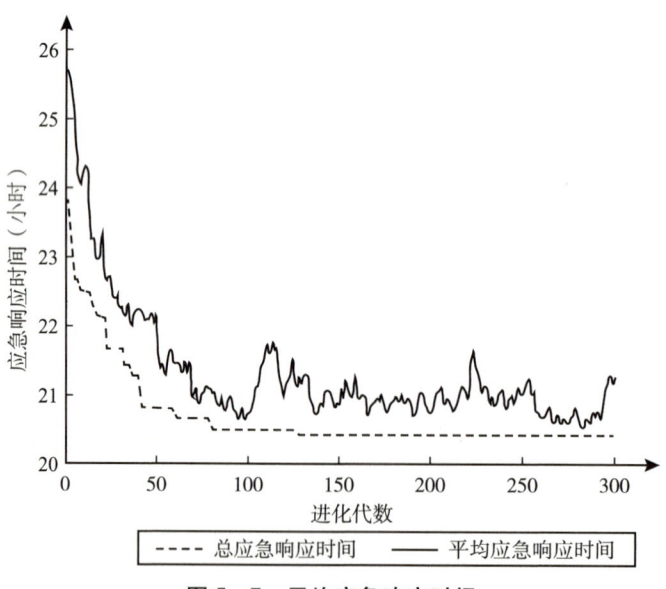

图 5-7　平均应急响应时间

(2) 运输网存在中断时的调度方案

突发事件尤其是以地震为代表的大规模破坏性的地质灾害发生后，

往往会导致运输网等基础设施的破坏,给应急物资的运输及调度增加难度。在仿真算例基础上,增加考虑运输网中断的情况。

属地政府在获得应急物资分配方案后准备实施运输工具调度前,收到交通部门及气象部门的灾区信息报告。根据这两个部门反映的情况,可得到初步的运输网络状况信息,如表5-14所示。

表5-14　　　　　　　　运输网络状况

信息来源	原因	路段或区域
交通局	道路塌方、泥土滑坡等导致道路中断	出救点2——灾区3、出救点2——灾区8、出救点3——灾区8、出救点5——灾区3
气象局	大雾原因阻碍直升机运输	灾区2、灾区5

根据表5-14的信息,可获得出救点到灾区直升机路径通行状况,如表5-15所示,及出救点到灾区汽车路径通行状况,如表5-16所示。

表5-15　　　　　　出救点到灾区直升机路径通行状况

	灾区1	灾区2	灾区3	灾区4	灾区5	灾区6	灾区7	灾区8	灾区9	灾区10
出救点1	1	0	1	1	0	1	1	1	1	1
出救点2	1	0	1	1	0	1	1	1	1	1
出救点3	1	0	1	1	0	1	1	1	1	1
出救点4	1	0	1	1	0	1	1	1	1	1
出救点5	1	0	1	1	0	1	1	1	1	1

表5-16　　　　　　出救点到灾区汽车路径通行状况

	灾区1	灾区2	灾区3	灾区4	灾区5	灾区6	灾区7	灾区8	灾区9	灾区10
出救点1	1	1	1	1	1	1	1	1	1	1
出救点2	1	1	0	1	1	1	1	0	1	1
出救点3	1	1	1	1	1	1	1	0	1	1

续表

	灾区1	灾区2	灾区3	灾区4	灾区5	灾区6	灾区7	灾区8	灾区9	灾区10
出救点4	1	1	1	1	1	1	1	1	1	1
出救点5	1	1	0	1	1	1	1	1	1	1

由于无人机航行距离的限制，对于超过最大航行距离的运输路线也设定为运输道路不通（此处将无人机最大航行距离设定为80千米），则无人机路径状况，如表5-17所示。

表5-17　　　　出救点到灾区无人机路径通行状况

	灾区1	灾区2	灾区3	灾区4	灾区5	灾区6	灾区7	灾区8	灾区9	灾区10
出救点1	1	1	1	1	1	0	1	0	1	1
出救点2	0	1	1	1	1	0	1	1	1	1
出救点3	1	0	1	1	1	1	0	1	1	0
出救点4	1	1	1	1	1	1	1	1	1	1
出救点5	1	1	1	1	1	1	1	1	0	1

将运输网状况数据带入求解，得到运输网存在中断状况下的最优调度方案，如表5-18至表5-22所示。

表5-18　　出救点1在运输网部分中断时的运输工具调度方案

出救点	灾区	运输方式	调度数量
1	3	3	2
1	4	3	1
1	5	2	5
1	5	3	1
1	8	1	2
1	9	3	1
1	10	3	2

即出救点 1——灾区 3，调度汽车 2 辆；出救点 1——灾区 4，调度汽车 1 辆；出救点 1——灾区 5，调度无人机 5 架、汽车 1 辆；出救点 1——灾区 8，调度直升机 2 架；出救点 1——灾区 9，调度汽车 1 辆；出救点 1——灾区 10，调度汽车 2 辆。

表 5-19　　出救点 2 在运输网部分中断时的运输工具调度方案

出救点	灾区	运输方式	调度数量
2	1	1	1
2	2	3	2
2	3	1	1
2	4	3	2
2	6	3	1
2	7	2	4
2	7	3	1
2	8	1	1
2	9	3	2
2	10	2	4
2	10	3	1

即出救点 2——灾区 1，调度直升机 1 架；出救点 2——灾区 2，调度汽车 2 辆；出救点 2——灾区 3，调度直升机 1 辆；出救点 2——灾区 4，调度汽车 2 辆；出救点 2——灾区 6，调度汽车 1 辆；出救点 2——灾区 7，调度无人机 4 架、汽车 1 辆；出救点 2——灾区 8，调度直升机 1 架；出救点 2——灾区 9，调度汽车 2 辆；出救点 2——灾区 10，调度无人机 4 架、汽车 1 辆。

表5-20　　出救点3在运输网部分中断时的运输工具调度方案

出救点	灾区	运输方式	调度数量
3	1	2	4
3	1	3	1
3	3	2	2
3	3	3	1
3	5	3	2
3	6	3	3
3	8	1	1
3	10	3	2

即出救点3——灾区1，调度无人机4架、汽车1辆；出救点3——灾区3，调度无人机2架、汽车1辆；出救点3——灾区5，调度汽车2辆；出救点3——灾区6，调度汽车3辆；出救点3——灾区8，调度直升机1架；出救点3——灾区10，调度汽车2辆。

表5-21　　出救点4在运输网部分中断时的运输工具调度方案

出救点	灾区	运输方式	调度数量
4	2	3	2
4	4	3	2
4	5	2	4
4	6	3	3
4	7	3	2
4	9	2	1
4	9	3	2

即出救点4——灾区2，调度汽车2辆；出救点4——灾区4，调度汽车2辆；出救点4——灾区5，调度无人机4架；出救点4——灾区6，

调度汽车 3 辆；出救点 4——灾区 7，调度汽车 2 辆；出救点 4——灾区 9，调度无人机 1 架、汽车 2 辆。

表 5-22 出救点 5 在运输网部分中断时的运输工具调度方案

出救点	灾区	运输方式	调度数量
5	1	3	2
5	3	2	3
5	5	3	2
5	6	3	2
5	8	3	1
5	10	3	2

即出救点 5——灾区 1，调度汽车 2 辆；出救点 5——灾区 3，调度无人机 3 架；出救点 5——灾区 5，调度汽车 2 辆；出救点 5——灾区 6，调度汽车 2 辆；出救点 5——灾区 8，调度汽车 1 辆；出救点 5——灾区 10，调度汽车 2 辆。

在此调度方案下：

总应急响应时间为 TT = 23.9500

总运力满足率为 TDsr = 0.9486

随着遗传算法种群的进化迭代，目标值总应急响应时间逐渐降低，在大概迭代 20 次，趋于稳定：收敛于 23.95 时取得最优解，如图 5-8 所示。

随着遗传算法种群的迭代，种群的平均应急响应时间也逐渐降低，在总应急响应时间附近波动。所以，算法的迭代过程也使整个种群都朝着最优解方向进化，如图 5-9 所示。

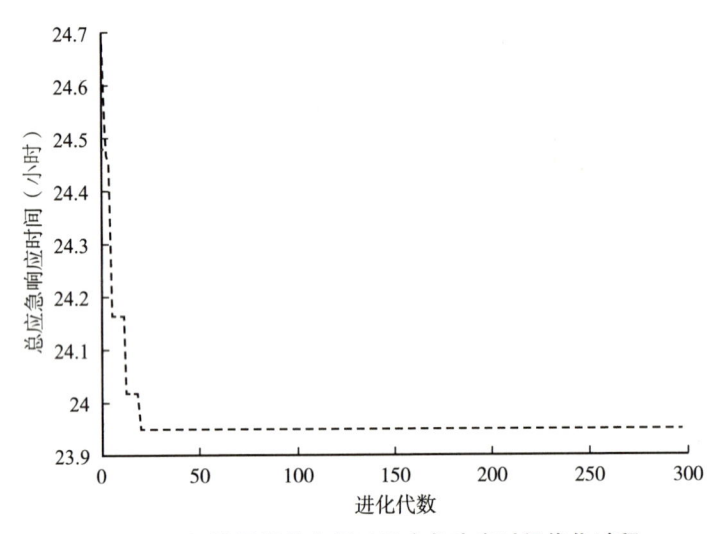

图5-8　运输网部分中断时总应急响应时间优化过程

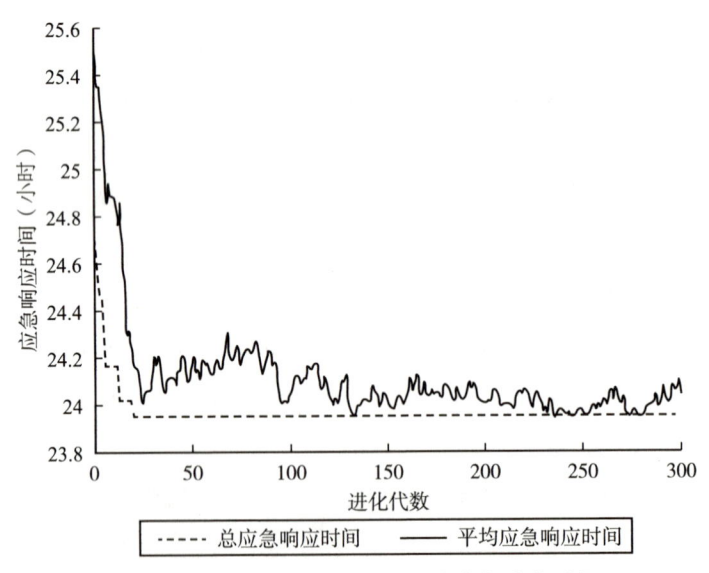

图5-9　运输网部分中断时平均应急响应时间

5.3.3 结果分析

（1）运输网畅通和部分中断的调度方案对比分析

从 4.5.2 小节的求解过程，可得到运输网畅通与运输网部分中断的最优调度方案对比结果，如表 5-23 所示。

表 5-23 运输网畅通和部分中断的调度方案对比

出救点	受灾点	运输网畅通			运输网部分中断		
		方式1	方式2	方式3	方式1	方式2	方式3
1		2	5	7	2	5	7
	1	0	0	0	0	0	0
	2	0	0	0	0	0	0
	3	0	0	2	0	0	2
	4	0	0	1	0	0	1
	5	0	5	1	0	5	1
	6	0	0	0	0	0	0
	7	0	0	0	0	0	0
	8	2	0	0	2	0	0
	9	0	0	1	0	0	1
	10	0	0	2	0	0	2
2		3	8	9	3	8	9
	1	1	0	0	1	0	0
	2	0	3	1	0	0	2
	3	1	0	0	1	0	0
	4	0	0	2	0	0	2
	5	0	0	0	0	0	0
	6	1	1	0	0	0	1
	7	0	0	2	0	4	1

续表

出救点	受灾点	运输网畅通			运输网部分中断		
		方式1	方式2	方式3	方式1	方式2	方式3
2	8	0	0	1	1	0	0
	9	0	0	2	0	0	2
	10	0	4	1	0	4	1
		1	6	8	1	6	9
3	1	0	0	2	0	4	1
	2	0	0	0	0	0	0
	3	0	1	1	0	2	1
	4	0	0	0	0	0	0
	5	0	0	2	0	0	2
	6	0	0	2	0	0	3
	7	0	0	0	0	0	0
	8	0	0	1	1	0	0
	9	0	0	0	0	0	0
	10	1	5	0	0	0	2
		0	5	11	0	5	11
4	1	0	0	0	0	0	0
	2	0	0	2	0	0	2
	3	0	0	0	0	0	0
	4	0	0	2	0	0	2
	5	0	4	0	0	4	0
	6	0	0	3	0	0	3
	7	0	0	2	0	0	2
	8	0	0	0	0	0	0
	9	0	1	2	0	1	2
	10	0	0	0	0	0	0
5		0	3	9	0	3	9
	1	0	0	2	0	0	2

续表

出救点	受灾点	运输网畅通			运输网部分中断		
		方式1	方式2	方式3	方式1	方式2	方式3
5	2	0	0	0	0	0	0
	3	0	0	1	0	3	0
	4	0	0	0	0	0	0
	5	0	0	2	0	0	2
	6	0	0	2	0	0	2
	7	0	0	0	0	0	0
	8	0	3	0	0	0	1
	9	0	0	0	0	0	0
	10	0	0	2	0	0	2
总计		6	27	44	6	27	45

从表5-23的对比发现，相比较运输网畅通状况下，运输网部分中断情况下的调度方案中，出救点2、出救点3和出救点5的调度方案发生改变，其中发生改变的灾区有：灾区1、灾区2、灾区3、灾区6、灾区7、灾区8、灾区10。调度方案的改变必然会导致各灾区的应急响应时间的变化，如表5-24所示。

表5-24　运输网畅通和部分中断下各受灾点的应急响应时间

灾区	运输网畅通	运输网部分中断
灾区1	2.1	1.8
灾区2	1.3	1.6
灾区3	2.85	2.85
灾区4	1.975	1.975
灾区5	2.3	2.3
灾区6	1.65	3.45

续表

灾区	运输网畅通	运输网部分中断
灾区 7	2.25	1.95
灾区 8	2.25	3.075
灾区 9	1.4	1.4
灾区 10	2.3667	3.55
总应急响应时间	20.4417	23.95

从表 5-24 可知，受道路中断影响，运输网部分中断后的总应急响应时间比运输网畅通时的总应急响应时间增加了 3.6083 小时。其中，灾区 1、灾区 7 的应急响应时间有所减少，灾区 2、灾区 6、灾区 8、灾区 10 的应急响应时间增加。

除此之外，通过对比两次的总应急响应时间优化过程图（如图 5-5 和图 5-7 所示），可以发现，运输网部分中断后的种群收敛速度更快，这是因为运输网的部分中断使可选择的路线减少，降低了选择难度，所以更快地达到最优解。

（2）最低满足率的灵敏度分析

本小节在运输网部分中断的算例基础上，对最低满足率进行灵敏度分析。最低满足率 ε 取值范围为 [0.2, 1]，步长为 0.01，运行 Matlab R2016b，得到总应急响应时间随最低满足率的变化图及总运力满足率随最低满足率的变化图，如图 5-10 所示。

从图 5-10 可以看出，随着最低满足率的增加，总应急响应时间也在逐渐增加。最低满足率增加，意味着需要运输更多的物资到受灾点，那么就需要调度更多的运输工具运输这些物资，所以总应急响应时间也随之增加。然而，当最低满足率达到 0.9 左右时，总应急响应时间急剧增加。这是因为出救点所拥有的运输工具数量是有限的，已经达到了最低满足率的极限，出救点的运力已无法保证每个受灾点最低满足率的要求，从而对目标值（总应急响应时间）进行惩罚，所以变化图曲线急剧增加。同时，也得出该算例数据的最低满足率极限值近似为 0.9，如图 5-11 所示。

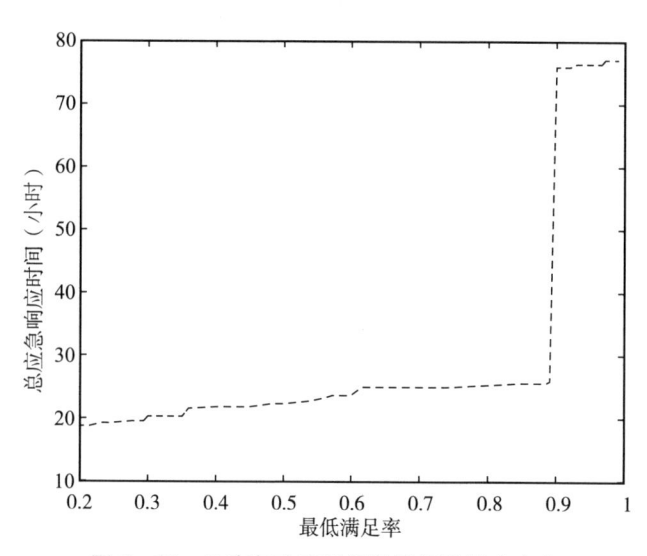

图 5-10 总应急响应时间随最低满足率变化

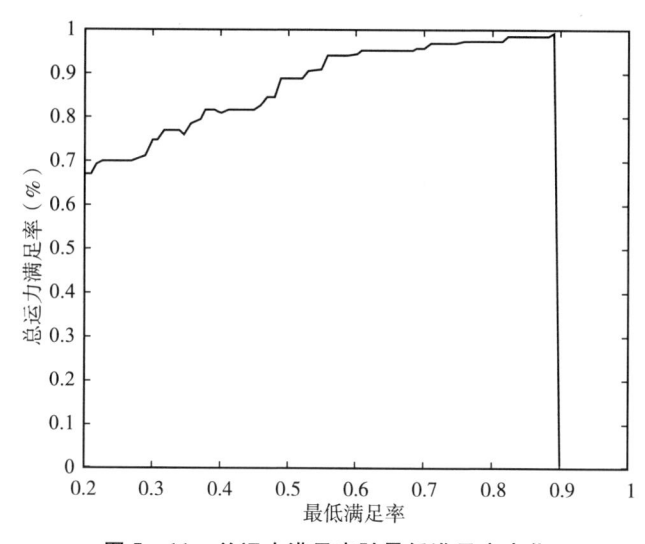

图 5-11 总运力满足率随最低满足率变化

从图 5-11 可以看出，随着最低满足率地增加，总运力满足率也在逐渐增加。可以理解成，最低满足率的增加，意味着运输到每个受灾点的物资量增加，调度的运输工具也会相应的增加，那么总运力满足率也随之增加。与图 5-6 类似，当最低满足率达到 0.9 左右时，总运力满足率骤减为 0。同理，是因为出救点所拥有的运输工具数量是有限的，已经达到最低满足率的极限，出救点的运力已无法满足每个受灾点最低满足率的要求，从而对目标值（总运力满足率）进行惩罚，所以变化图曲线骤减为 0。同时，该变化图也可以得出算例数据的最低满足率极限值近似为 0.9，与图 5-6 结论相符。

5.4 本章小结

首先，本章从属地应急联合调度概念、多种运输方式联合调度分析及多种运输方式联合调度架构方面，介绍属地应急多种运输方式联合调度问题；其次，本章对多种运输方式联合调度问题进行描述，将研究问题定义为首批物资投送的多出救点多受灾点多种运输方式满载直配的横向分流联合调度，给出了模型的假设条件，并从模型参数、决策变量、目标分析、约束分析四个方面对数学模型进行说明，建立模型；最后，本章还利用仿真算例对模型进行了验证。

6

属地应急虚拟众储车货匹配问题研究

6.1 虚拟众储车货匹配综合分析

6.1.1 虚拟众储车货匹配概念及特点

6.1.1.1 虚拟众储车货匹配概念

一般车货匹配是遵循"供需呼应"的原则，根据一定的目标和方法对具有运力需求的物资和对有物资需求的车辆进行匹配，获得最为合适的匹配方案，并将方案发送给车源方和货源方，双方对匹配方案进行执行。

将虚拟众储车货匹配定义为：灾害发生后，遵循"供需呼应"的原则，以应急救援为目的，运用一定的方法，将灾区及其周围地区的应急物资和应急车辆进行匹配，获得最为合适的匹配方案，使得整体效果最好，并将方案发送给物资供应点和车辆出救点，双方对其进行执行。

6.1.1.2 虚拟众储车货匹配特点

属地政府在整个应急过程中起着主导作用。不同的应急阶段，救援任务、救援目标、应急物资的需求状况和应急物资的配送要求等不同，这就导致不同应急救援阶段车货匹配的特点也不同。应急救援的响应过程主要分为三阶段。突发事件初始被定义为应急救援的关键期或紧急期[189]。在紧急救援阶段，往往后方力量和应急物资无法快速地到达灾区进行应急响应，而其阶段属地政府发挥的作用最为突出，如图 6-1 所示。

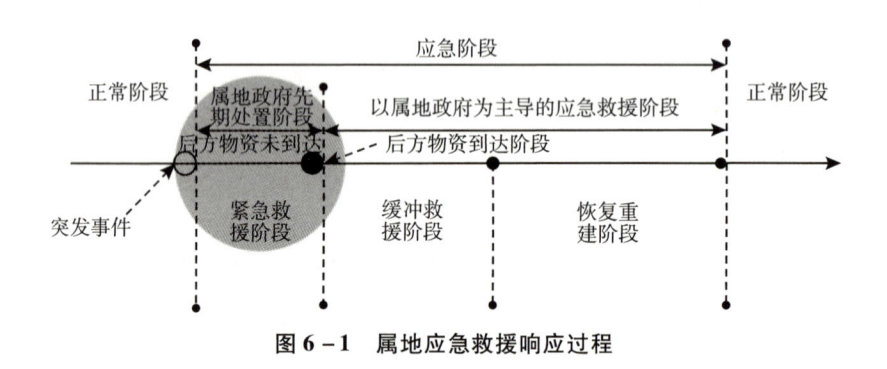

图 6-1 属地应急救援响应过程

因此，主要研究属地应急救援紧急阶段，也是属地政府先期处置阶段下的车货匹配，其特点主要有：

（1）匹配需求的紧迫性

属地应急紧急救援阶段的主要任务是救出埋在废墟下的生命、救助伤员、安置灾民。在这一阶段如果应急资源不能及时地送达灾区将会直接威胁到灾民的生命安全和财产损失。所以该阶段对救援目标的时效性要求最高，要求应急资源可以快速地送达灾区尽最大限度地降低损失，因此匹配需求具有紧迫性。

（2）匹配资源的有限性

属地应急紧急救援阶段是突发事件的初始期，往往短时间内后方力量和应急物资无法快速地到达灾区进行应急响应。因此，在这一阶段主要依靠属地自有的资源，而属地储备资源通常是有限的。匹配资源的有限性也会导致在应对突发事件时出现供需失衡状况。

（3）匹配网络的复杂性

匹配网络的复杂性主要是指连接匹配对象的运输网络的复杂性。与平时稳定的交通网络不同的是，受灾害和次生灾害的影响，灾害发生后经常出现道路中断、道路阻滞、应急设施损坏等现象。在属地紧急救援阶段，灾情常处于"黑箱"状态，道路和设施还未修复，运输网络的复杂性大，造成虚拟众储车货匹配的难度大。

（4）匹配需求的临时性

因为突发事件的爆发时间与地点往往是不确定的和不可预知的、物资需求是不确定的，使得所需运输工具类型、数量无法确定，从而赋予了匹配需求的临时性。虚拟众储平台与普通物流平台的车货匹配不同的是：普通物流平台的车货匹配是稳定的、连续的决策过程，而虚拟众储平台应急状态下的车货匹配是一次性、临时性的决策过程。

6.1.2 车货匹配原则及主体

6.1.2.1 车货匹配原则

虚拟众储平台以应急救援为导向，通过整合应急资源来实现对资源的统一管理和统一调度。在车货匹配时应遵循以下原则：

（1）目标导向原则

虚拟众储车货匹配的过程必须是围绕某一目标而进行匹配的一系列行为，所以在进行车货匹配时要有明确的目标。不同的供应商各自考虑的利益不同，匹配时所关注的目标也就不同。但应急时都应该以应急救援为目的，必须紧紧围绕效益最大化和灾害损失最小化这一目标进行匹配决策。

（2）系统整体优化原则

虚拟众储在进行车货匹配时要以实现匹配决策的整体最优为目标。因此，要综合考虑应急物资、应急车辆、运输网络等多方面的影响因素，这样才能使得整体系统达到最优。

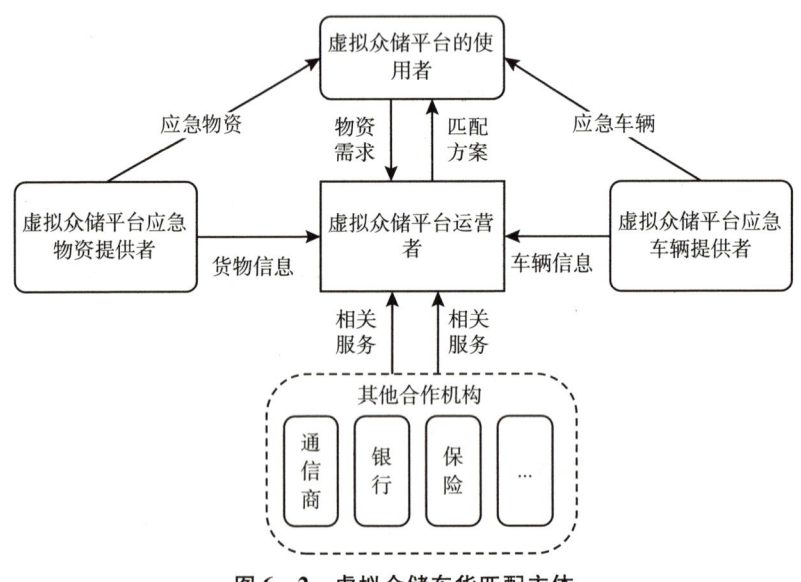

6.1.2.2 虚拟众储车货匹配主体

虚拟众储车货匹配是通过对属地应急资源的统一管理、统一匹配与调度，保障应急物资及时供应，从而实现属地快速救援。要实现这个目标，需要虚拟众储车货匹配的构成主体之间的密切合作。应急状态下虚拟众储车货匹配主体，如图6-2所示。

图6-2 虚拟众储车货匹配主体

（1）应急物资提供者

应急物资提供者是拥有应急物资所有权、收益权等权利的社会储备主体，且是具有运输需求的一方，具体包括饮用水生产企业、超市、食品加工厂、生产制造企业、电商企业等。应急物资提供者作为平台的主要参与者，为应急救援提供生活保障类、生命保障类等各类应急物资支持，例如药品、食品、水、帐篷等。应急物资的提供者除了需要在应急救援时提供实物之外，也需向虚拟众储平台提供相应的应急物资信息，例如物资储备位置、物资名称、物资类型等以便平时对其统一管理应急时统一调度。

(2) 应急车辆提供者

应急车辆提供者是拥有应急救援车辆资源所有权、收益权等权利的企业、团体和个体，可以为运力需求方提供运输服务，具体主要包括物流企业、运输企业、个体货运车主等。应急车辆提供者作为平台的主要参与者，为应急救援提供运输服务。应急车辆提供者除了应急救援时提供给运输服务外，也需向虚拟众储平台提供相应的运力信息，例如：车辆储备位置、车辆类型、车辆额定载重、车辆体积等。

(3) 平台使用者

平台使用者一般是应急救援的决策者或指挥者，主要是指政府相关部门（例如属地应急物流协调指挥中心）。灾害发生之后，政府相关部门根据灾区应急物资需求信息，例如应急物资种类、需求数量、应急救援时间、需求地点等信息，对平台上所拥有的资源进行统一调度。

(4) 平台运营者

运营者是为虚拟众储平台提供专业运营维护的机构，一般指政府相关部门或者政府合作企业等。在灾害发生之前，虚拟众储平台运营者将应急资源信息整合在虚拟众储平台上，并进行日常的管理和维护。灾害发生之后，虚拟众储平台运营者帮助平台使用者快速进行应急响应。

(5) 其他合作机构

虚拟众储平台为了维持正常运营也与银行、通信商保险等外部合作机构进行合作，为平台提供安全、金融、信息等技术手段，从而保证平台正常运营的资金安全和降低保险赔付率等。这些参与主体提供的服务主要有：金融服务、通信服务和保险服务等。

6.1.3 车货匹配影响因素

由 1.3.5 小节文献综述可知影响车货匹配的因素较多但同时将这些因素综合考虑进行定量研究的比较少。在现有文献的基础上，结合应急物资救援需求和灾后复杂的运输环境，在虚拟众储车货匹配时综合考虑应急物资供应点、应急车辆出救点、应急物资、应急车辆、应急运输网络五个方面的影响因素，具体包括：

（1）应急物资供应点

应急物资供应点是应急物资的存储地，是为虚拟众储平台提供应急物资信息与实物的一方。应急物资供应点对虚拟众储车货匹配的影响主要在于供应点位置和所提供的应急物资数量。应急物资供应点位置主要影响与应急响应时间的匹配，所提供的应急物资数量主要影响运力需求的匹配。

在构建虚拟众储车货匹配模型时将考虑应急供应点所在位置和应急物资供应点所提供的应急物资数量因素。

（2）应急车辆出救点

应急车辆出救点是指应急车辆的存储地，是为虚拟众储平台提供应急车辆信息及实物的一方。应急车辆出救点对于虚拟众储车货匹配的影响主要在于应急车辆出救点所在位置、车辆拥有量。其中应急车辆出救点所在位置主要影响车货匹配应急响应时间；车辆拥有量主要影响车货匹配的供应数量，进而影响其满意度。

在构建虚拟众储车货匹配模型时将考虑应急车辆出救点位置、应急车辆出救点拥有量因素。

（3）应急物资

应急物资是指在应急救援过程中所需要的各种保障性物资。属地应急紧急救援阶段最急需的应急物资有水、食品、帐篷等。应急物资对车货匹配的影响因素主要有单位体积、单位重量和灾区最低满足率。其中单位体积和单位重量主要影响对运力的需求。在实际救援中只有达到灾区最低保障率，才能够满足受灾区域的基本应急需要。灾区最低保障率不同，所需要的运力也就不同。

在构建虚拟众储车货匹配模型时将考虑车货匹配中应急物资单位体积、单位重量和灾区最低保障率因素。

（4）应急车辆

应急车辆是指用于承担货物运输任务的运载车辆。应急车辆对车货匹配的影响因素主要有车辆类型、车辆载重、车辆容积、车辆行驶速度、车辆装货时间。其中车辆类型、车辆载重和车辆体积，主要影响匹配的数量。车辆行驶速度和装货时间主要影响车货匹配的响应时间。

在构建模型时虚拟众储车货匹配模型主要考虑了车辆类型、车辆载重、车辆容积、车辆行驶速度、车辆装货时间因素。

（5）运输网络

运输网络是指连通应急车辆出救点、应急物资供应点运输道路的网络。社会应急储备资源具有分散性特点，应急物资供应点和应急车辆出救点往往不在同一个位置。运输网络中节点与节点之间的运输距离会直接影响应急救援时间。此外，在重大自然灾害发生之后，往往会造成应急设施损毁、道路中断或道路阻滞的现象。虚拟众储在进行车货匹配时，首先关注的应急物资的可达性，而运输网络中道路状况和应急设施完好程度是影响应急物资可达性的关键因素。

在构建虚拟众储车货匹配模型时将考虑应急车辆出救点与应急物资供应点间的运输网络状况。

6.1.4 车货匹配模式与流程

6.1.4.1 虚拟众储车货匹配模式

根据1.3.5小节对车货匹配问题的文献综述可知，目前车货匹配模式主要有：抢单模式、竞价模式、随机指派模式和智能匹配模式。但是与普通的车货匹配不同，虚拟众储车货匹配以应急救援为目的，时间具有紧迫性。抢单模式、竞价模式和随机指派模式往往会出现无人接单、接收距离过远、匹配不合理等导致订单延误。而且，这三种模式仅从个体利益的角度出发，并没有考虑将整个配送系统的效率和效益最大化，因此不适合虚拟众储车货匹配。智能匹配模式是通过模型算法智能生成匹配方案，匹配及时，匹配方案可以实现整体最优。因此，虚拟众储车货匹配模式可以选择智能匹配模式。

虚拟众储车货匹配模式如图6-3所示，平时状态下，虚拟众储平台运营商会选择一些信誉良好、产品/服务优良、愿意在灾后进行应急响应的供应主体，并签署储备协议，形成虚拟众储应急资源库。应急状态下，属地应急救援主体提出物资请求，虚拟众储平台根据应急物资和应急车辆信息进行车货智能匹配，并生成车货匹配方案进行执行。在应急救援结束之后，属地救援主体对提供资源和服务的供应者进行费用结算。

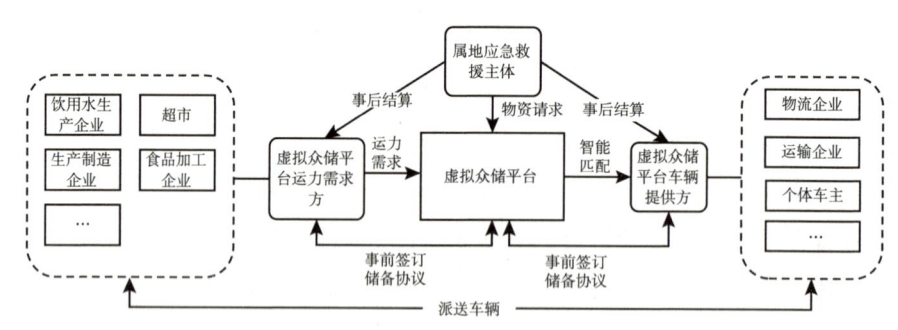

图6-3 虚拟众储车货匹配模式

6.1.4.2 虚拟众储车货匹配运作流程

灾害发生之后，政府相关部门根据灾区应急物资需求向虚拟众储平台提出物资申请。虚拟众储平台启动应急救援快速响应，根据运输任务需要进行车货匹配，具体的匹配流程，如图6-4所示。

（1）生成应急货物订单

根据需求预测和应急物资供应点选择完成属地应急物资分配后，虚拟众储平台根据分配的结果，将应急物资供应点相同且受灾点相同的应急物资整合在一起，形成具有运力需求的应急货物订单。

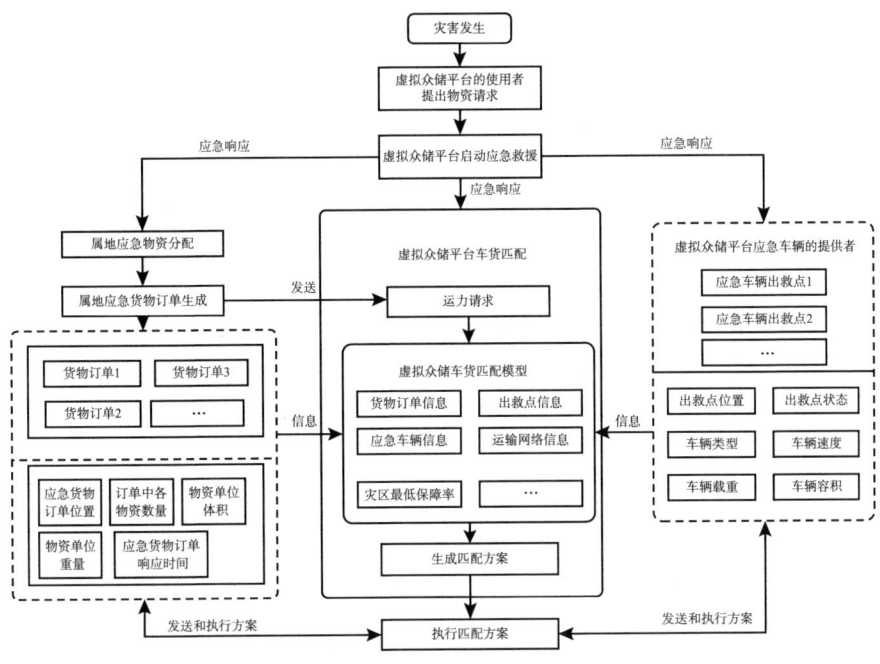

图 6-4　虚拟众储车货匹配流程

（2）提出运力请求

应急货物订单生成后，向虚拟众储车货匹配模块提出车辆请求，并将应急货物订单的信息传输给车货匹配模块，包括：应急货物订单所在位置、应急货物订单响应时间、应急物资数量、应急物资单位体积和重量、灾区最低满足率等，等待运力匹配。

（3）获取车货匹配信息

在接收到车辆请求指令后，虚拟众储车货匹配模块除了获取应急货物订单的信息之外，也需获取其他车货匹配信息，包括：应急车辆出救点信息、应急车辆信息、运输网络信息等。通过查看虚拟众储资源库获取应急车辆出救点信息，主要有：应急车辆出救点位置、应急车辆数量、应急车辆载重、应急车辆容积、应急车辆行驶速度等；通过遥感卫星等技术获取运输网络信息，主要有：应急车辆出救点状态和路网状态等。

（4）输入虚拟众储车货匹配模型

在获取车货匹配信息后，将相关信息输入虚拟众储车货匹配模型，模型根据虚拟众储车货匹配的目标函数和应急货物订单、应急车辆出救点车辆数量、运输时间、最低满足率、运输网络等约束条件进行计算。

（5）生成车货匹配方案

通过虚拟众储车货匹配模型计算生成车货匹配方案，即有哪个应急车辆出救点的哪个类型车辆与哪个应急货物订单进行匹配。虚拟众储车货匹配模块将车货匹配结果反馈给应急物资供应点和应急车辆出救点。

（6）执行匹配方案

在收到虚拟众储车货匹配模块的执行方案后，应急物资供应点要准备好应急货物订单上货物、完成打包、等待运输，应急车辆出救点根据匹配方案，派出相对应的应急车辆到应急货物订单所在位置取货。

6.2　属地应急虚拟众储车货匹配模型

6.2.1　问题描述

灾害发生之后，后方资源在短时间无法抵达灾区，此时属地需要利用本地资源先期处置和快速救援。考虑灾后紧急救援阶段，属地有多个应急货物订单需要匹配运力，需统筹属地本地的车辆资源，从多个应急车辆出救点进行匹配。属地应急车辆数量有限，不能全部满足运力需求，需要在达到快速响应的同时，保障每一个订单都能获得一定程度的运力满足，使应急资源效用发挥到极致，降低灾害损失。另外，灾害常导致设施损毁和道路中断，车货匹配需要考虑实际救援状况，以降低匹配决策偏差。

本章研究的问题是：灾后在属地应急救援的紧急阶段，如何将复杂的运输网络环境中分散的应急资源进行车货匹配。在其本质是多应急车辆出救点、多车型、多货物订单状况下的多对多车货匹配。在属地应急救援紧急阶段,应急车辆种类多样但数量有限情况下,考虑各类型应急车辆的容积、载重量、速度、运输网络状况、货物订单的重量、货物订单的体积、运力需求量等因素,合理地进行车货匹配,使得整体车货匹配方案应急响应时间最短,车货匹配满意度最大。

6.2.2 假设说明

假设一:灾害发生之后,虚拟众储平台完成了应急物资分配并形成具有运力需求的应急货物订单,应急货物订单信息和车辆信息可获取;

假设二:应急车辆出救点状况和道路通行状况可以通过遥感、GPS等技术监测获取;

假设三:每个应急货物订单中至少包含一种物资,订单的体积和载重等于所包含的应急物资体积和载重之和。

假设四:订单中的各类物资可混装,应急车辆匀速行驶但不同类型车辆的行驶速度不相同。

假设五:系统中有多个订单和应急车辆出救点,各个坐标用经纬度表示且已知。计算公式与文献[190]相同:

$$C = \cos\left(LatA \cdot \frac{\pi}{180}\right) \cdot \cos\left(LatB \cdot \frac{\pi}{180}\right) \cdot \cos\left[(LonA - LonB)\frac{\pi}{180}\right]$$
$$+ \sin\left(LatA \cdot \frac{\pi}{180}\right) \cdot \sin\left(LatB \cdot \frac{\pi}{180}\right) \quad (6-1)$$

$$D_{ig} = r \cdot \arccos(C) \cdot \frac{\pi}{180} \quad (6-2)$$

其中,$r = 6\,371.004 \text{km}$,$i = (LonA, LatA)$,$g = (LonB, LatB)$。

6.2.3 模型构建

6.2.3.1 变量说明

（1）模型参数

I：应急车辆出救点的集合，$I = \{1, 2, 3, \cdots, i\}$；

K：应急车辆类型的集合，$K = \{1, 2, 3, \cdots, k\}$；

G：虚拟众储平台上应急货物订单的集合，$G = \{1, 2, 3, \cdots, g\}$；

A：应急物资的种类的集合 $A = \{1, 2, 3, \cdots, a\}$；

W_a：应急货物 a 单位重量；

V_a：应急货物 a 单位体积；

θ_{ga}：应急货物订单 g 中第 a 种物资的数量；

ε：灾区最低保障率；

L_g：应急货物订单 g 的应急响应时间；

R_{ik}：应急车辆出救点 i 的 k 车型的可用数量；

W_k：车型 k 的最大载重量；

V_k：车型 k 的最大容积；

D_{ig}：应急车辆出救点 i 到货物订单 g 的距离；

T_k：车型为 k 的车辆装货时间；

C_k：车型 k 的行驶速度；

M：一个极大整数；

P_i：应急车辆出救点 i 是否是完好的，$P_i = 1$ 表示应急车辆出救点 i 是完好的，可以匹配出车辆，$P_i = 0$ 表示应急车辆出救点 i 损毁，无法匹配出车辆；

u_{ig}：应急车辆出救点 i 到应急货物订单 g 间的道路是否可通行，道路畅通为 1，道路中断为 0。

（2）决策变量

x_{igk}：0~1 变量，表示应急车辆出救点 i 的 k 型车是否与应急货物订单 g 匹配，匹配为 1，不匹配为 0；

y_{igk}：整数变量，表示应急车辆出救点 i 为应急货物订单 g 匹配 k 型车的数量。

6.2.3.2 目标函数

由 1.3.5 小节可知，目前文献关于车货匹配问题的研究常用的目标函数有：总成本最小、车货匹配度最大。本章所研究的车货匹配是属地紧急救援阶段下的车货匹配。根据分析该阶段车货匹配具有时间紧迫性，强调属地要快速响应，因此考虑以总体应急响应时间最短为目标函数。此外，在属地紧急救援阶段，往往后方资源未到达，属地运力资源往往有限。因此，该阶段的车货匹配还应该关注订单运力需求量与实际供应量的匹配。只有合理的匹配调度属地的运力资源，才能提高匹配满意度，才能有效地保障灾民的生命安全。所以，考虑以车货匹配满意度作为另一个目标函数。

（1）总体应急响应时间最短

应急物资的运输有很强的时效性，超过一定的时间物资很有可能失去其效用。本章所研究虚拟众储车货匹配，有多个应急车辆出救点、多种车辆类型、多个应急货物订单。不同的应急车辆出救点和不同应急货物订单组合不同，两者间的距离也就不同。与不同的车型匹配，行驶速度和装卸时间也不同，从而导致应急响应时间也存在差异。

应急货物订单的响应时间是指从虚拟众储平台给应急货物订单发出车辆请求开始到参与响应的应急车辆到达应急货物订单所在位置并装上应急物资为止，即：应急货物订单的响应时间 = 应急车辆的行驶时间 + 车辆装货时间。所以，每一订单的应急响应时间如下：

$$T_g = \sum_i \sum_k \left(\frac{D_{ig} X_{igk}}{C_k} + y_{igk} T_k \right) \qquad (6-3)$$

那么所有应急货物订单 g 的应急响应时间为：

$$TT = \sum_g \sum_i \sum_k \left(\frac{D_{ig} X_{igk}}{C_k} + y_{igk} T_k \right) \qquad (6-4)$$

（2）车货匹配满意度最大

车货匹配满意度是指应急车辆出救点 i 给应急货物订单 g 匹配 k 车型的运力与货物订单 g 实际需求运力的比值。应急货物订单 g 车货匹配满意度为：

$$F_g = \min\left\{\frac{\sum_i \sum_k y_{igk} W_k}{\sum_a W_a \theta_{ga}}, \frac{\sum_i \sum_k y_{igk} V_k}{\sum_a V_a \theta_{ga}}\right\} \quad (6-5)$$

那么所有货物订单的车货匹配满意度，即所有应急车辆出救点匹配的车辆的载重量/容积之和占所有应急货物订单运力需求的重量/体积之和比值的最小值。

$$FF = \min\left\{\frac{\sum_g \sum_i \sum_k y_{igk} W_k}{\sum_g \sum_a W_a \theta_{ga}}, \frac{\sum_g \sum_i \sum_k y_{igk} V_k}{\sum_g \sum_a V_a \theta_{ga}}\right\} \quad (6-6)$$

6.2.3.3 约束条件

通过对虚拟众储车货匹配影响因素研究，可以获得以下八个方面的约束：应急货物订单约束、应急车辆匹配数量约束、载重量和容积约束、最低保障率约束、运输网络约束、运输时间约束、决策变量间的约束、变量取值约束。

（1）应急货物订单约束

在虚拟众储平台上，每个应急货物订单中至少有一种类型物资。一个货物订单可以和多个车辆出救点的多类型车辆匹配。

$$\sum_i \sum_k x_{igk} \geq 1 \quad (6-7)$$

（2）应急车辆匹配数量约束

应急车辆出救点可使用车辆类型和数量已知且有限，其值为 R_{ik}。应急车辆出救点 i 对货物订单 g 匹配的 k 型车的数量不得超过该应急车辆出救点拥有的数量。另外，当出救点损毁和道路中断不能给应急货物订单提供运力。

$$\sum_g y_{igk} \leq R_{ik} \quad (6-8)$$

$$\sum_g y_{igk} \leqslant P_i R_{ik} \qquad (6-9)$$

$$y_{igk} \leqslant u_{ig} R_{ik} \qquad (6-10)$$

(3) 载重量和容积约束

出救点 i 给应急货物订单 g 匹配的 k 车型的总运力不大于应急订单 g 所需运力的最大值。

$$\sum_i \sum_k y_{igk} W_k \leqslant \sum_a W_a \theta_{ga} \qquad (6-11)$$

$$\sum_i \sum_k y_{igk} V_k \leqslant \sum_a V_a \theta_{ga} \qquad (6-12)$$

(4) 最低保障率约束

在大规模自然灾害发生之后,应急车辆出救点的车辆类型和数量有限,但在实际救援中应急车辆出救点给货物订单所提供的运力需求只有满足灾区最低保障率,才能够维持受灾区域的基本应急需要。

$$\sum_i \sum_k y_{igk} W_k \geqslant \sum_a \varepsilon W_a \theta_{ga} \qquad (6-13)$$

$$\sum_i \sum_k y_{igk} V_k \geqslant \sum_a \varepsilon V_a \theta_{ga} \qquad (6-14)$$

灾区最低保障率的值应该大于等于 0 小于等于 1。

$$0 \leqslant \varepsilon \leqslant 1 \qquad (6-15)$$

(5) 运输网络约束

大规模自然灾害,尤其是地震发生后,往往会导致应急车辆出救点破坏,导致该应急车辆出救点的车辆无法与货物订单进行匹配。应急车辆出救点 i 损坏时 $P_i = 0$,该应急车辆出救点的车辆不能与订单 g 匹配,此时 $x_{igk} = 0$;当 $P_i = 1$ 时,x_{igk} 可以取 0 或 1。

$$x_{igk} \leqslant P_i \qquad (6-16)$$

此外,地震发生后,往往会出现道路中断或者道路阻塞现象,导致车辆无法通行。应急车辆出救点 i 与应急货物订单 g 间的道路中断 $u_{ig} = 0$,该应急车辆出救点的车辆不能与应急货物订单 g 匹配,此时 $x_{igk} = 0$;当 $u_{ig} = 1$ 时,x_{igk} 可以取 0 或者取 1。

$$x_{igk} \leqslant u_{ig} \qquad (6-17)$$

(6) 运输时间约束

灾害发生之后，为了尽快满足灾区需求将应急物资快速地送达灾区，每一个应急货物订单都有一个应急响应时间，即：匹配的车辆响应时间应该满足极限时间限制。

$$\text{Max}\left\{\sum_{k}\left(\frac{D_{ig}X_{igk}}{C_k} + y_{igk}T_k\right)\right\} \leq L_g \quad (6-18)$$

其中 i = 1, 2, 3, …, m。

(7) 决策变量间的约束

决策变量 x_{igk} 和 y_{igk} 具有直接相关，当 $x_{igk} = 1$，即应急车辆出救点 i 的 k 型车与货物订单 g 匹配，并会被选择，那么此时 $y_{igk} \geq 1$；如果 $x_{igk} = 0$ 应急车辆出救点 i 的 k 型与货物订单 g 不匹配，不会被选择，那么此时 $y_{igk} = 0$，即：

$$y_{igk} \leq x_{igk}M \quad (6-19)$$

(8) 变量取值约束

决策变量 x_{igk} 为 0~1 变量，y_{igk} 为大于或等于 0 的整数。

6.2.3.4 建立模型

(1) 目标函数

应急响应时间最短

$$\text{MinTT} = \text{Min}\sum_{g}\sum_{i}\sum_{k}\left(\frac{D_{ig}X_{igk}}{C_k} + y_{igk}T_k\right) \quad (6-20)$$

车货匹配满意度最大

$$\text{MaxFF} = \text{Maxmin}\left\{\frac{\sum_{g}\sum_{i}\sum_{k}y_{igk}W_k}{\sum_{g}\sum_{a}W_a\theta_{ga}}, \frac{\sum_{g}\sum_{i}\sum_{k}y_{igk}V_k}{\sum_{g}\sum_{a}V_a\theta_{ga}}\right\}$$

$$(6-21)$$

(2) 约束条件

$$\sum_{i}\sum_{k}x_{igk} \geq 1, \forall g \in G \quad (6-22)$$

$$\sum_{g}y_{igk} \leq R_{ik}, \forall i \in I, k \in K \quad (6-23)$$

$$\sum_g y_{igk} \leq P_i R_{ik}, \quad \forall i \in I, k \in K \qquad (6-24)$$

$$y_{igk} \leq u_{ig} R_{ik}, \quad \forall i \in I, k \in K, g \in G \qquad (6-25)$$

$$\sum_i \sum_k y_{igk} W_k \leq \sum_a W_a \theta_{ga}, \quad \forall g \in G \qquad (6-26)$$

$$\sum_i \sum_k y_{igk} V_k \leq \sum_a V_a \theta_{ga}, \quad \forall g \in G \qquad (6-27)$$

$$\sum_i \sum_k y_{igk} W_k \geq \sum_a \varepsilon W_a \theta_{ga}, \quad \forall g \in G \qquad (6-28)$$

$$\sum_i \sum_k y_{igk} V_k \geq \sum_a \varepsilon V_a \theta_{ga}, \quad \forall g \in G \qquad (6-29)$$

$$0 \leq \varepsilon \leq 1 \qquad (6-30)$$

$$x_{igk} \leq P_i, \quad \forall i \in I, k \in K, g \in G \qquad (6-31)$$

$$x_{igk} \leq u_{ig} \quad \forall i \in I, k \in K, g \in G \qquad (6-32)$$

$$\text{Max}\left\{ \sum_k \left(\frac{D_{ig} X_{igk}}{C_k} + y_{igk} T_k \right) \right\} \leq L_g, \ i = 1, 2, 3, \cdots, m, \ m \in I$$

$$(6-33)$$

$$y_{igk} \leq x_{igk} M, \quad \forall i \in I, k \in K, g \in G \qquad (6-34)$$

$$x_{igk} \in \{0, 1\}, \quad \forall i \in I, k \in K, g \in G \qquad (6-35)$$

$$y_{igk} \geq 0, \text{且为整数}, \quad \forall i \in I, k \in K, g \in G \qquad (6-36)$$

式（6-20）表示目标函数总的应急响应时间最短；式（6-21）表示目标函数总的车货匹配满意度最大；式（6-22）表示每一个货物订单可以和多个车辆出救点的多车型匹配；式（6-23）表示每一个车辆出救点所匹配的车辆数量不能大于该出救点该车型的拥有量；式（6-24）车辆出救点损毁不能给所有订单匹配车辆；式（6-25）表示当车辆出救点与订单间的道路中断后出救点不能给该订单匹配车辆；式（6-26）、式（6-27）表示各车辆出救点给订单匹配的运力应该小于等于其需求量；式（6-28）和式（6-29）表示车辆出救点匹配的总运力不能小于该订单最低保障率的需求总运力；式（6-30）表示灾区最低保障率；式（6-31）和式（6-32）表示运输网络状况对决策变量的约束；式（6-33）表示应急货物订单响应时间约束；

式（6-34）表示决策变量间的约束；式（6-35）和式（6-36）表示决策变量取值约束。

6.2.4 算法设计

（1）运算流程

遗传算法是模拟自然选择和遗传中发生的复制、交叉变异等现象，从初始种群开始，通过选择、交叉和变异操作，重新产生一群更能适应环境的个体，进而得到群体进化到越来越好的搜索区域，这样一代代繁衍进化，最后收敛于一群适应性最强的个体，从而得到实际问题的最优解。遗传算法的一般运算流程，如图6-5所示。

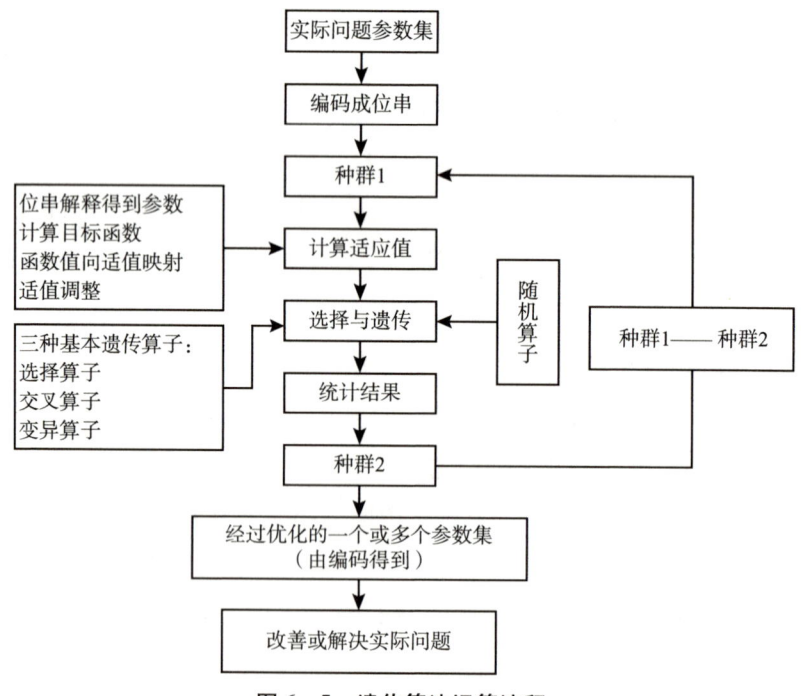

图6-5 遗传算法运算流程

(2) 求解步骤

本章主要研究的车货匹配问题是：多应急车辆供应点、多应急货物订单、多车型满载直配情况下的车货匹配问题。利用遗传算法通过 Matlab R2017b 对代码进行编写。求解过程见图 6-6。

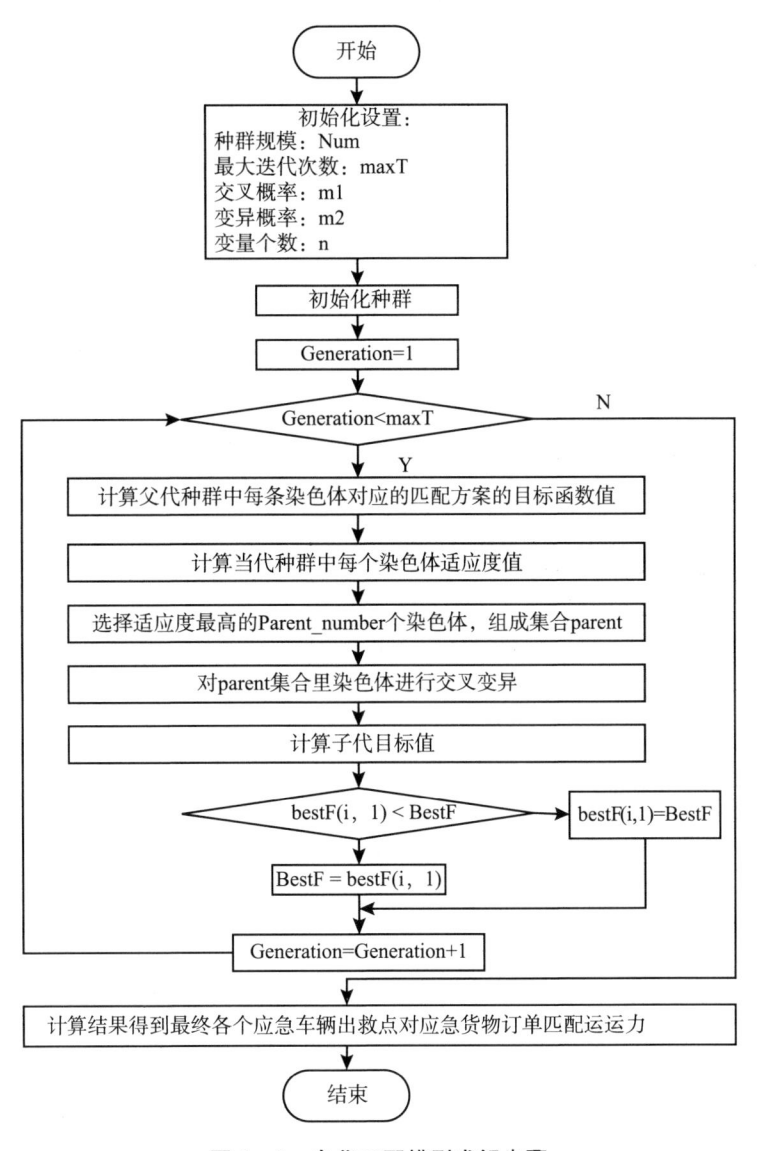

```
开始
  ↓
初始化设置：
种群规模：Num
最大迭代次数：maxT
交叉概率：m1
变异概率：m2
变量个数：n
  ↓
初始化种群
  ↓
Generation=1
  ↓
Generation<maxT ──N──→
  │Y
  ↓
计算父代种群中每条染色体对应的匹配方案的目标函数值
  ↓
计算当代种群中每个染色体适应度值
  ↓
选择适应度最高的Parent_number个染色体，组成集合parent
  ↓
对parent集合里染色体进行交叉变异
  ↓
计算子代目标值
  ↓
bestF(i, 1) < BestF ──→ bestF(i,1)=BestF
  ↓
BestF = bestF(i, 1)
  ↓
Generation=Generation+1
  ↓
计算结果得到最终各个应急车辆出救点对应急货物订单匹配运运力
  ↓
结束
```

图 6-6 车货匹配模型求解步骤

步骤1：编码

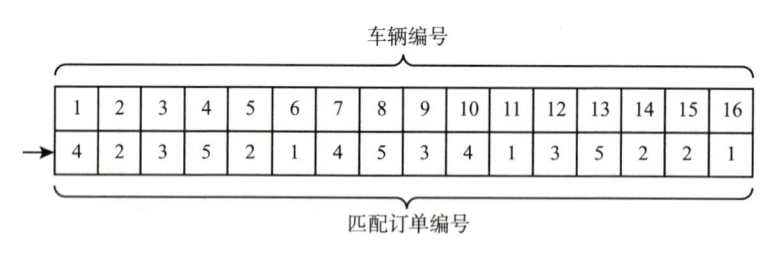

在车货匹配模型中，假设有应急车辆出救点和应急货物订单的个数为 i 和 g，出救点有 k 种类型车辆可供选择。因此，运用 y_{igk} 表示应急车辆出救点 i 为应急货物订单 g 匹配 k 型车的数量。在编码设计时使用整数编码，把车辆按顺序排开，比如第一个出救点 1 型车 5 个，车辆编号是 1~5，2 型车是 6 个，编号顺延是 6~11，编码长度等于车辆数，基因数值是订单编号。例如目前虚拟众储平台上有 2 个可用应急车辆出救点，5 个应急货物订单，3 种类型的车辆。出救点 1 有类型 1 车辆数是 2 个，类型 2 车辆数是 4 个，类型 3 车辆数是 2 个。出救点 2 有类型 1 车辆数是 1 个，类型 2 车辆数是 2 个，类型 3 车辆数是 5 个。染色体编码方式，如图 6-7 所示。

车辆编号																
1	2	3	4	5	6	7	8	9	10	11	12	13	14	15	16
4	2	3	5	2	1	4	5	3	4	1	3	5	2	2	1

匹配订单编号

图 6-7　染色体编码方式

步骤2：初始种群设定

遗传算法以初始种群为起始点，在生成初始种群时需确定好种群规模，即种群中个体的数量。因为种群规模过大会引发计算量大和收敛速度慢的现象，种群规模过小会直接影响搜索效果。

步骤3：适应度函数

适应度函数也称"评价函数"，是根据目标函数确定的，用于区分种群中个体好坏的依据。构建的车货匹配模型有两个目标函数，需要将多目标模型的函数 $F(x) = (f_1(x), f_2(x))$ 转化为单目标评价函数 $h(F(x))$。其中，不同目标的函数值具有量纲单位存在差异。因此在对这些目标值运算时,要将其统一转化成规范化形式。根据单目标转化原理有线性加权法、理想点法、平方和加权法、最大最小值法和乘除法。模型中主要涉及两个目标函数应急响应时间和车货匹配满意度,两个目标一个取最小化一个取最大化,乘除法最为合适,因此选择乘除法对两个目标进行规范化处理。乘除法一般适用于两个目标的优化命题如:

$$Minf_1(x)$$

$$Maxf_2(x)$$

$$f_1(x) > 0, f_2(x) > 0, X \in D \quad (6-37)$$

则定义规范化函数 $h(F(x)) = f_1(x)/f_2(x)$,那么规范化函数为 $h(F(x)) = \frac{TT}{FF}$,h 越小越好。对约束条件的处理采用罚函数的思想,对于未满足约束的加入惩罚值 w,则目标函数转为:

$$H(F(x)) = \frac{TT}{FF} + w \quad (6-38)$$

适应度函数设置为

$$fitness(i) = \frac{1}{H(F(x))} \quad (6-39)$$

步骤 4:遗传算法操作

(1) 选择

采用轮盘赌法对染色体进行选择。首先通过公式计算每条染色体被选择的概率。

$$cumsump = \frac{f\_time}{sum(f\_time)} \quad (6-40)$$

其中,f_time 表示某条染色体的适应度值,所有染色体的适应度累计值为 sum(f_time)。生成一个 0~1 的随机数 rand。当 cumsump(j) 大于随机数 rand 时,则被选中。由此可以看出适应度值越大,被选中的概率越大。

(2) 交叉

交叉(crossover)又称重组(recombination)是按照较大的概率从群

体中选择两个个体，交换两个个体的某个或某些位。交叉具体执行过程如下：

● 对个体进行两两随机配对，共有［Num/2］对互为配对的个体组；

● 对每一个互为配对的个体，随机设定某一基因座之后的位置为交叉点；

● 根据设定的交叉概率在其交叉点处，则互换两个个体的部分染色体，产生两个新的个体。

（3）变异

将个体染色体编码串中的某些基因座上的基因值用该基因座的其他等位基因来代替，产生新的个体。按照提前设定的变异概率，从初始种群中选择变异个体。当随机产生的小数不大于变异概率时，发生变异运算。

步骤5：迭代终止

达到最大迭代次数，且多次交叉变异趋于稳定，对结果进行解码输出最优解，模型求解完成；否则，循环步骤1～步骤3，直至满足终止条件。

6.3 仿真算例

6.3.1 算例描述

M地区在某次重大地震自然灾害后，需要紧急救援。该地区属地政府第一时间采取救援行动，快速响应。在获取到各受灾区域物资需求情况后，属地应急资源协调指挥中心向虚拟众储平台提出物资请求。虚拟众储平台根据灾区物资需求种类和数量等情况，快速进行物资分配并形成 15 个具有运力需求的应急货物订单,具体的货物订单信息,如表 6-1 所示。

表 6-1　　　　　　　　　应急货物订单信息

应急货物订单	响应极限时间（小时）	水（件）	方便面（件）	帐篷（件）
订单 1	5	720	612	172
订单 2	4	890	983	0
订单 3	4.5	556	428	216
订单 4	4	718	540	245
订单 5	5	1 540	0	0
订单 6	4	0	0	987
订单 7	4.5	380	480	289
订单 8	4.5	0	890	315
订单 9	4	580	0	420
订单 10	4	254	852	568
订单 11	4.5	728	250	304
订单 12	4.5	642	468	867
订单 13	5	1 740	0	149
订单 14	5	1 380	1 100	113
订单 15	4.5	424	260	440

所需的 3 种应急物资的单位重量和单位体积,如表 6-2 所示。

表 6-2　　　　　　　　　应急物资相关参数

	水	方便面	帐篷
单位重量（千克）	14.2	9.2	50
单位体积（立方米）	0.054	0.035	0.15

目前通过对虚拟众储平台资源库搜索,发现上有 6 个应急车辆出救

点可以满足需求，各应急车辆出救点的车辆储备情况，如表6-3所示。

表6-3　　　　　　　应急车辆出救点运力储备情况　　　　　　单位：辆

出救点	车辆类型1	车辆类型2	车辆类型3
出救点1	11	7	5
出救点2	8	9	11
出救点3	7	15	14
出救点4	2	3	0
出救点5	13	9	10
出救点6	4	0	5

各车辆类型的相关参数，如表6-4所示。

表6-4　　　　　　　　各车辆类型的相关参数

车辆类型	额定载重 （辆/千克）	额定容积 （辆/立方米）	行驶速度 （千米/小时）	单位装卸时间 （辆/小时）
类型1	4 000	13	40	0.4
类型2	2 000	11	60	0.2
类型3	3 000	10	30	0.3

通过百度地图获取到每一个应急货物订单和各应急车辆出救点所在位置，具体经纬度坐标，如表6-5所示。

表6-5　　　　　　　　订单和出救点经纬度坐标

	经度	纬度
应急订单1	104.7766	31.776374
应急订单2	105.1677	31.643609
应急订单3	104.4831	30.609208
应急订单4	104.8036	31.406712
应急订单5	104.9503	31.584874

续表

	经度	纬度
应急订单6	104.7714	32.510865
应急订单7	104.1778	31.128996
应急订单8	104.7287	31.776322
应急订单9	104.2975	30.987548
应急订单10	105.4257	31.650802
应急订单11	104.8718	31.630688
应急订单12	104.9234	32.287682
应急订单13	104.5577	31.544145
应急订单14	105.1546	32.612901
应急订单15	104.7563	31.470923
出救点1	104.6242	31.553742
出救点2	105.1756	32.641716
出救点3	105.0972	31.095808
出救点4	104.7373	30.77752
出救点5	104.2327	31.311718
出救点6	104.9972	31.895808

通过 M 地区以往应急救援的历史数据获取到所有受灾点最低保障率 $\varepsilon = 0.5$ 时才能保证受灾区域的基本应急需要。

遗传算法参数设定，如表 6-6 所示。

表 6-6　　　　　　　　　算法参数

参数	参数值
种群大小	400
最大遗传代数	300
交叉概率	0.8
变异概率	0.2

6.3.2 算例求解

地震发生之后，往往会出现运输网络中断现象。地震灾害发生后，属地政府积极对运输网络进行监控，通过地震局和卫星网络监测获悉此次地震导致出救点 4 损毁。地震还导致部分道路中断，具体的道路状况，如表 6-7 所示。

表 6-7　　　　　　　　出救点与订单间道路中断情况

	出救点 1	出救点 2	出救点 3	出救点 4	出救点 5	出救点 6
订单 1	1	0	1	1	1	1
订单 2	1	1	1	1	1	1
订单 3	1	1	1	1	1	1
订单 4	1	1	1	1	1	1
订单 5	1	1	1	0	1	1
订单 6	1	1	0	1	1	1
订单 7	1	1	1	1	1	1
订单 8	0	1	1	1	1	1
订单 9	1	1	1	1	1	1
订单 10	1	1	1	0	1	1
订单 11	1	1	1	1	1	1
订单 12	1	1	1	1	1	1
订单 13	1	1	1	1	1	1
订单 14	1	1	1	1	1	1
订单 15	1	0	1	1	1	1

按照算法求解思路，使用 Matlab R2017b 编程，设最大迭代次数为 300，种群规模为 400，运行 20 次程序，获得目标函数最优值分布情况。求解得到目标函数的均值为 59.4682，其具体分布情况如图 6-8 所示。

从图 6-8 中可以看出，使用该算法设计每次获得的解都比较接近均值，因此具有较强的稳定性。

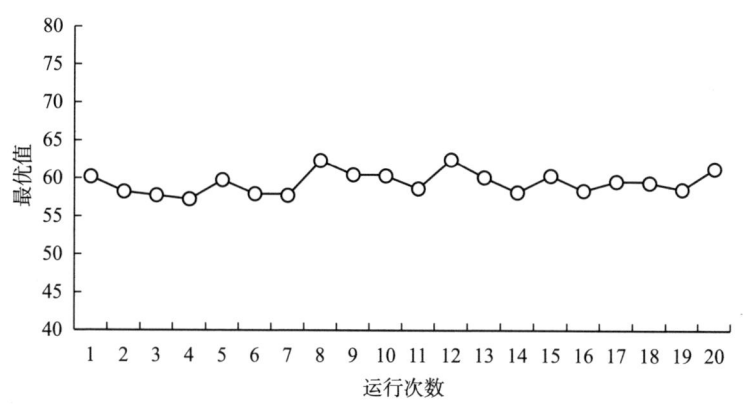

图 6-8 目标函数最优值分布

取最优目标值最接近平均目标值的一组，得到的车货匹配方案，如表 6-8 至表 6-12 所示。

表 6-8　　　　　　　出救点 1 与货物订单匹配方案

应急车辆出救点	应急货物订单	车辆类型	匹配数量
1	2	1	2
1	2	2	2
1	3	3	1
1	4	2	1
1	6	1	1
1	7	1	1
1	7	3	1
1	9	2	1
1	10	1	1

属地应急物流管理

续表

应急车辆出救点	应急货物订单	车辆类型	匹配数量
1	10	2	1
1	10	3	1
1	11	1	1
1	11	2	1
1	12	1	1
1	13	1	1
1	13	2	1
1	14	1	2
1	14	3	1
1	15	1	1
1	15	3	1

即出救点 1——订单 2——车辆类型 1 和类型 2 匹配，匹配数量分别 2、2；出救点 1——订单 3——车辆类型 3 匹配，匹配数量为 1；出救点 1——订单 4——车辆类型 2 匹配，匹配数量为 1；出救点 1——订单 6——车辆类型 1 匹配，匹配数量为 1 辆；出救点 1——订单 7——车辆类型 1 和 3 匹配，匹配数量为 1、1；出救点 1——订单 9——车辆类型 2 匹配，匹配数量为 1 辆；出救点 1——订单 10——车辆类型 1、2、3 匹配，匹配数量为 1、1、1；出救点 1——订单 11——车辆类型 1 和 2 匹配，匹配数量为 1、1；出救点 1——订单 12——车辆类型 1 匹配，匹配数量为 1；出救点 1——订单 13——车辆类型 1 和 2 匹配，匹配数量为 1、1；出救点 1——订单 14——车辆类型 1 和 3 匹配，匹配数量为 2、1 辆；出救点 1——订单 15——车辆类型 1 和 3 匹配，匹配数量分别为 1、1。

表 6-9　　　　　　　　　　出救点 2 与货物订单匹配方案

应急车辆出救点	应急货物订单	车辆类型	匹配数量
2	4	2	2
2	4	3	1
2	6	1	2
2	6	2	1
2	7	3	1
2	8	3	2
2	10	1	1
2	10	2	1
2	11	1	1
2	11	2	2
2	11	3	1
2	13	1	1
2	13	2	1
2	13	3	1
2	14	3	1

即出救点 2——订单 4——车辆类型 2 和 3 匹配，匹配数量分别 2、1；出救点 2——订单 6——车辆类型 1 和 2 匹配，匹配数量分别为 2、1；出救点 2——订单 7——车辆类型 3 匹配，匹配数量为 1；出救点 2——订单 8——车辆类型 3 匹配，匹配数量为 2 辆；出救点 2——订单 10——车辆类型 1 和 2 匹配，匹配数量分别为 1、1；出救点 2——订单 11——车辆类型 1、2、3 匹配，匹配数量分别为 1、2、1；出救点 2——订单 13——车辆类型 1、2、3 匹配，匹配数量为 1、1、1；出救点 2——订单 14——车辆类型 3 匹配，匹配数量为 1。

表 6-10　　　　　　　　出救点 3 与货物订单匹配方案

应急车辆出救点	应急货物订单	车辆类型	匹配数量
3	1	1	1
3	1	2	1
3	2	1	1
3	2	2	1
3	4	1	1
3	4	3	1
3	5	1	1
3	5	2	2
3	5	3	1
3	7	2	1
3	8	2	1
3	8	3	1
3	9	1	2
3	9	3	1
3	10	2	1
3	12	2	2
3	12	3	5
3	13	1	1
3	13	2	2
3	13	3	1
3	14	2	2
3	15	3	2

即出救点 3——订单 1——车辆类型 1、2 匹配,匹配数量分别 1、1;出救点 3——订单 2——车辆类型 1、2 匹配,匹配数量分别为 1、1;出救点 3——订单 4——车辆类型 1、3 匹配,匹配数量分别为 1、1;出救点 3——订单 5——车辆类型 1、2、3 匹配,匹配数量分别为 1、2、1;出救点 3——订单 7——车辆类型 2 匹配,匹配数量为 1;出救点

3——订单8——车辆类型2、3匹配,匹配数量分别1、1;出救点3——订单9——车辆类型1、3匹配,匹配数量为2、1;出救点3——订单10——车辆类型2匹配,匹配数量为1;出救点3——订单12——车辆类型2、3匹配,匹配数量分别2、5;出救点3——订单13——车辆类型1、2、3匹配,匹配数量为1、2、1;出救点3——订单14——车辆类型2匹配,匹配数量为2;出救点3——订单15——车辆类型3匹配,匹配数量为2。

表6-11　　　　　　出救点5与货物订单匹配方案

应急车辆出救点	应急货物订单	车辆类型	匹配数量
5	1	2	1
5	2	3	1
5	3	1	1
5	3	2	2
5	3	3	1
5	4	2	1
5	5	1	1
5	5	2	1
5	5	3	1
5	6	1	3
5	7	1	2
5	7	3	1
5	9	3	2
5	10	1	2
5	12	1	2
5	12	2	1
5	12	3	1
5	13	3	1
5	14	1	1

续表

应急车辆出救点	应急货物订单	车辆类型	匹配数量
5	14	3	2
5	15	1	1
5	15	2	1

即出救点5——订单1——车辆类型2匹配,匹配数量为1;出救点5——订单2——车辆类型3匹配,匹配数量为1;出救点5——订单3——车辆类型1、2、3匹配,匹配数量分别为1、2、1;出救点5——订单4——车辆类型2匹配,匹配数量为1;出救点5——订单5——车辆类型1、2、3匹配,匹配数量分别为1、1、1;出救点5——订单6——车辆类型1匹配,匹配数量为3;出救点5——订单7——车辆类型1、3匹配,匹配数量分别为2、1;出救点5——订单9——车辆类型3匹配,匹配数量为2;出救点5——订单10——车辆类型1匹配,匹配数量为2;出救点5——订单12——车辆类型1、2、3匹配,匹配数量分别为2、1、1;出救点5——订单13——车辆类型3匹配,匹配数量为1;出救点5——订单14——车辆类型1、3匹配,匹配数量分别为1、2;出救点5——订单15——车辆类型1、2匹配,匹配数量分别为1、1。

表6-12   出救点6与货物订单匹配方案

应急车辆出救点	应急货物订单	车辆类型	匹配数量
6	1	1	2
6	3	3	2
6	6	3	2
6	8	1	1
6	8	3	1
6	11	1	1

即出救点 6——订单 1——车辆类型 1 匹配，匹配数量为 2；出救点 6——订单 3——车辆类型 3 匹配，匹配数量为 2；出救点 6——订单 6——车辆类型 3 匹配，匹配数量分别为 2；出救点 6——订单 8——车辆类型 1 和 3 匹配，匹配数量分别为 1、1；出救点 6——订单 11——车辆类型 1 匹配，匹配数量分别为 1。

此匹配方案下

目标函数：59.6113

目标函数 f_1（应急响应时间）：39.8617

目标函数 f_2（车货匹配满意度）：0.66869

随着 GA 种群的进化迭代，目标函数值逐渐降低，在大概迭代 130 次，趋于稳定：收敛于 59.6113 时取得最优解，此时应急响应时间为 39.8617，车货匹配满意度为 0.66869，如图 6-9 所示。

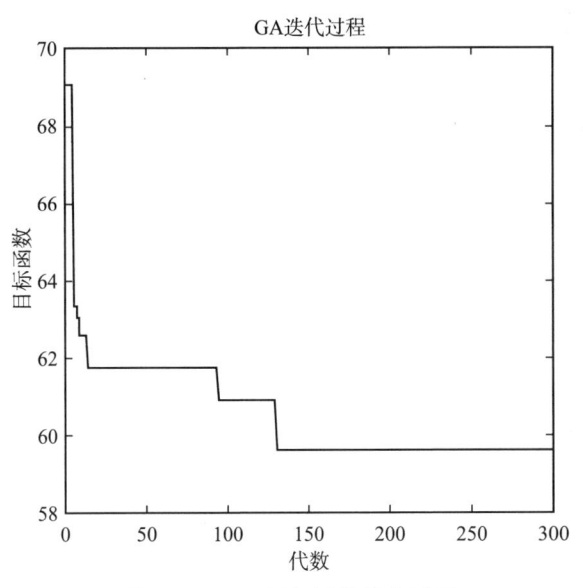

图 6-9 GA 目标函数优化过程

6.3.3 结果分析

本章对 ε 进行灵敏度分析,将 ε 取值范围调整为 0.3、0.5、0.7、0.9。两个目标函数的变化以及规范化处理的总目标函数的变化,如图 6-10 所示。从图 6-10 中可看出,当灾区最低保障率增加时,总应急响应时间和车货匹配满意度也在逐渐增加。这是因为,灾区最低保障率增加时,就意味着需要将更多的应急物资运送到受区才能满足其基本需求,那么也就需要匹配更多的应急车辆,所以总应急响应时间也随之增加。匹配的应急车辆数量增加,车货匹配满意度也随之增加。然而,当灾区最低保障率达到 0.9 时,总目标函数急剧增加。这是因为应急车辆出救点的车辆数量是有限的,已经达到了拥有极限,匹配的运力已无法保证每个应急订单最低保障的要求,从而导致对目标值进行惩罚,惩罚值为 120.4614,所以变化图曲线急剧上升。

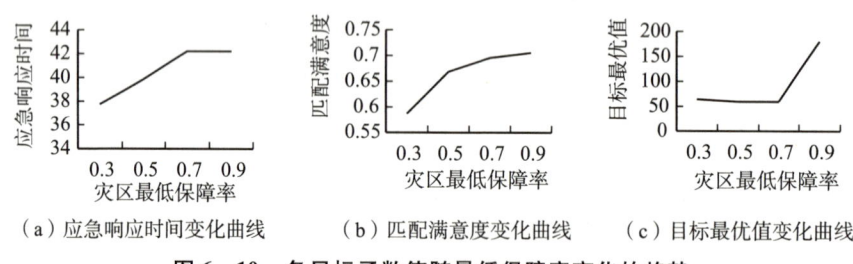

(a)应急响应时间变化曲线　　(b)匹配满意度变化曲线　　(c)目标最优值变化曲线

图 6-10　各目标函数值随最低保障率变化的趋势

6.4　本章小结

本章重点研究灾害发生后,政府储备资源有限且后方资源未到达情况下,如何将分散在不同地点的社会资源统筹起来,在灾后快速精准的进行车货匹配。在研究属地应急虚拟众储车货匹配时,首先对属地应急虚拟众储及虚拟众储车货匹配的概念和特点进行阐述，并通过对虚拟众储车货匹配业务场景、主体与原则、影响因素、模式与流程分析，阐述了虚拟众储车货匹配的运作过程。针对灾害发生后，设施损毁、道路中断等属地恶劣情况，在定性分析的基础上，以响应时间最短和车货匹配满意度最大为目标函数，综合考虑出救点车辆数量、应急车辆类型、速度、载重体积、应急订单重量、体积、灾区最低保障率、运输网络状况等多个影响因素，构建了运输网络部分中断情况下的多对多的车货匹配模型。利用遗传算法设计求解思路，并以 M 地区为例，通过 Matlab R2017b 对所构建的模型进行计算求解，得出了车货匹配方案，验证了模型的有效性。

7

属地应急物流选址—路径—库存集成优化问题研究

7.1 属地应急物资调配集成优化综合分析

7.1.1 属地应急物资调配模式

本章立足于灾情可预见性、资源可获得性及指挥可集成性基本科学问题，考虑到研究的地震灾害破坏范围大的特点，自救模式及两级物流模式一般不能满足对受灾点的需求，因此本章构建由众储点、集散点和受灾点构成的属地应急三级物流网络。本章所研究的属地应急物资调配模式是指救援物资由属地众储点发出，经集散点中转后送达受灾点的模式，如图 7-1 所示。

属地应急物资调配过程最先是众储点向选定的集散点进行物资投送的过程。在救援过程中，首先需要依据属地政府的物资储备规划对当地现有应急物资的储备情况进行整合，在得知各受灾点的需求后，属地政府将众储点的物资分配给各集散点，考虑的运输工具为众储点已有的运输工具，分发的应急物资包括众储点周围汇集的属地物资，还有后方到

7 属地应急物流选址—路径—库存集成优化问题研究

达的救援物资。暂不考虑众储点到集散点的路径规划,按一对一的分配方式进行第一阶段的物资投送,车辆到达集散点迅速卸下物资返回众储点。

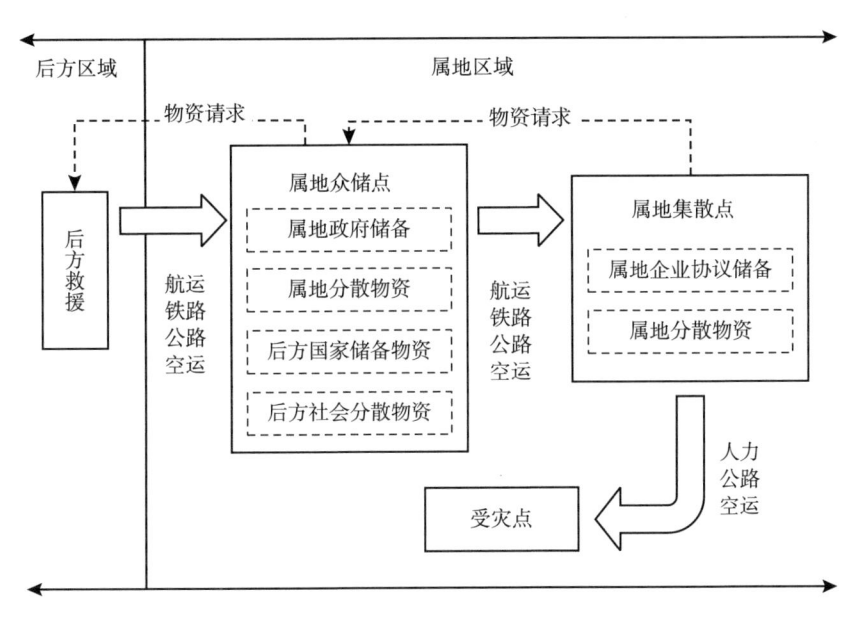

图 7-1 研究的属地应急物资调配模式

当属地集散点周围物资和众储点分配的物资汇集到集散点后,由选定的集散点向受灾点进行物资投送。由于受灾点在属地救援网络末端,所以采用一个集散点对应多个受灾点的方式,并将救援物资按巡回路线投送至相应的受灾点,以满足灾民的需求,救援车辆到达最后一个救灾点之后返回出发的集散点。该过程需综合考虑集中众储点汇集后的库存量、受灾点最新需求量、集散点现有运输工具的规格、运输路线以及集散点的服务水平等因素,从而实现属地的精准救援。

本章研究的物资调配模式不包括属地物资直接送达受灾点和后方物资直接送达受灾点等物流过程。采用后方救援物资集中运输到众储点,由众储点配送到靠近灾区的集散点,再由集散点根据确切需求向受灾点进行物资分发的模式，这种物资调配模式不仅可以根据实际需求分配救灾物资，还可以有效控制各中转点的物资库存。

根据属地区域的地理位置不同，物资的调配过程需要考虑转运所需的运输工具种类、应急物资装载方式和转运作业模式等要素，满足铁路、公路、水路和航空等不同运输工具对物流容器运输的安全要求。

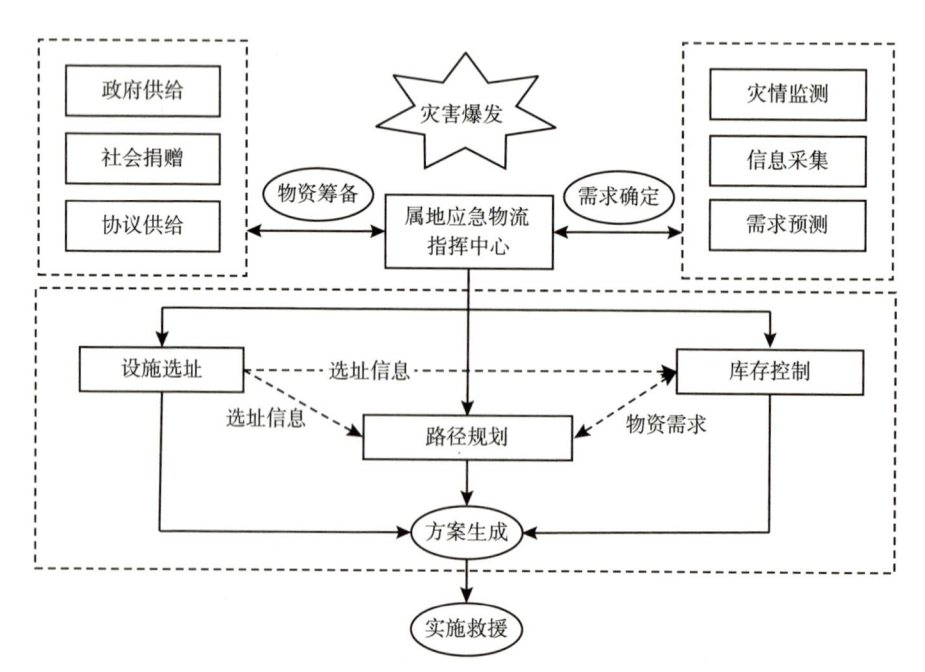

7.1.2 属地应急物流运作流程

属地应急物流的运作离不开属地应急物流组织。属地应急组织系统通常由属地政府部门和属地各社会主体构成，其中属地应急指挥中心是属地应急组织系统的核心，在应急救援过程中起到领导和协调的作用。属地应急物流环节指救援活动的具体实施，包括需求确定、物资筹备、方案制定及实施救援等。属地应急物流运作流程图，如图7-2所示。

图7-2 属地应急物流运作流程

7.1.2.1 需求确定

灾害的破坏性可能造成信息无法实时获取，此时可以通过虚拟遥感星座统筹获得灾区影像，计算建筑房屋的倒塌率初步估计灾情，还可以通过天地立体化组网，无人机采集的航拍图等多来源信息。通过受灾地区人口总数，人口分布密度，以及实时死亡人数更新获得当前幸存者数量，再综合地震等级烈度等信息预测物资需求数量和种类，同时从信息平台中获得众储点的位置以及潜在集散点的位置和数量以及属地政府和属地协议企业的物资储备信息，为后续制订应急救援方案提供依据。

7.1.2.2 物资筹备

平时状态下，属地政府整合灾区及灾区周边各类企业、电商、志愿组织、家庭、个人等不同存储主体储备了一定数量的物资，一旦灾害发生，首先汇集属地现有物资进行快速响应，但是原有的储备物资往往满足不了持续的需求，当属地供应不足时，及时向上级发出请求，后续得到来自属地以及后方的救援物资，主要来源有政府供给、社会捐赠和企业协议供给。真正做到救援所需的应急物资能在最快的时间内送达受灾点。

7.1.2.3 方案生成

在确定需求，进行物资筹备后，可以依据属地实际受灾情况，生成选址路径库存集成优化方案。具体内容包括三个方面：

（1）集散点的选址

由于较大一级的行政区域一般设有固定的众储点，且灾害发生后，受灾点的位置也可认为是已知的，所以设施选址是对集散点的选址。在考虑各潜在集散点是否完好、地理位置等因素后，以总应急响应时间最短为首要目标，成本最低为次要目标确定集散点位置。

（2）集散点至受灾点的路径规划

集散点距离灾区较近，设置巡回的方式进行集散点至受灾点的物资配送。在已知所分配区域内受灾点后，根据的订货提前期、道路状况、受灾点实际需求量等，考虑所选路径的时间及花费的成本可以确定集散点至受灾点的物资配送巡回路径。

（3）选定集散点的库存策略

确定集散点的位置后，需要根据集散点的服务水平、受灾点的最晚到达时间和实际需求得到选定各集散点的不同种类物资的最优库存量，为实际救援行动的开展提供依据。

7.1.2.4 实施救援

根据属地应急救援方案，结合属地现有潜在设施点情况以及相关部门提供的道路可通行状况，按照方案内容开展属地应急救援行动，即确定设施点作为出救点和中转点，给各受灾点投送物资的路径规划，并对中转点的库存进行控制，保证应急救援的效益最大化。

7.1.3 属地应急物流 CLRIP 优化分析

通过对三个关键问题的分析，总结出属地应急物流选址路径库存集成问题可以描述为：在属地范围内建立了一系列的应急配送区域之后，从所有潜在集散点集合中选出一定数目的设施点作为中转集散点，并确定从集散点到各个受灾点的路径方案，实现集散点对各个受灾点的物资配送。在已知供给和需求后，得到属地物资分配方案，再基于复杂应急环境下所采用的随机存储策略，确定集散点最优应急物资存储数量。

在对属地应急物流系统进行 CLRIP 集成优化时，首先应分析问题的背景，为建模做准备。以往的应急模型大多局限于对应急时间的限制，但是在实际问题中，如果决策者在整个救援过程中进行应急系统选址决策时只考虑时间因素，则需要开放大量的应急设施，动员所有的运输工具，会导致国家财产的不必要浪费；若只考虑救援成本因素，则达不到快速响应的目的。因此，在救援方案制订中，应合理考虑救援时间和救援成本的关系，结合属地应急的特点，得到属地应急物流的集成决策。

由于地震等自然灾害的发生往往伴随着次生灾害，对救援的外部环境带来影响，容易出现设施失效和道路损毁的情况，因而在展开救援之前及过程中，首先需要了解，及相关应急物资的基本数据。因而，在属地应急物流 CLRIP 集成优化时必须考虑道路及设施点的完好情况对救援的影响。属地政府还要综合考虑现有应急物资及受灾点需求情况，结合受灾点实际受灾情况，得到最晚到达时间；利用属地出救点到受灾点间的距离、运输时间，可以得到集散点选址、集散点到受灾点的路径规划以及集散点最优库存的集成策略，通过对集成决策方案的不断迭代，得到优化后新的集成决策方案，如果优化后的集成决策方案的目标值比优化前的目标值更优的话，保留优化后的集成决策方案，以此类推，直到满足终止条件，当目标值趋于稳定，得到最优集成决策方案。属地应急物流 CLRIP 优化模型的总体框架，如图 7-3 所示。

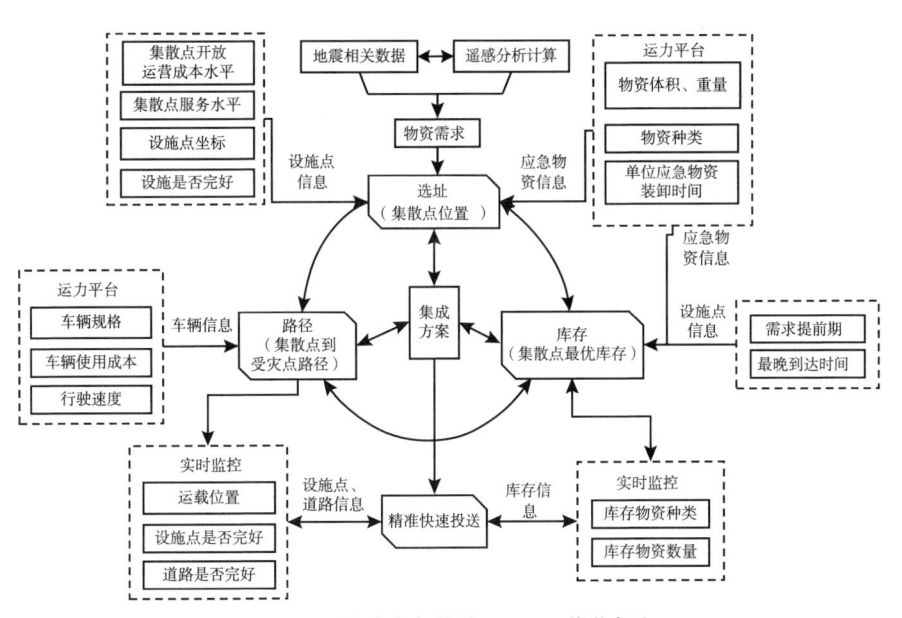

图 7-3 属地应急物流 CLRIP 优化框架

7.2 属地应急物流 CLRIP 模型

7.2.1 问题描述

某一地区发生地震后,受灾点首先利用周围物资进行自救,距离受灾点较远及属地周围地区的物资就近汇集到确定的集散点或众储点再进行分发。随着后方救援物资到达众储点,在属地政府的统筹与协调下,由众储点统一将属地原有的救援物资以及后期到达的救援物资分配给各确定的集散点,最后由确定的集散点完成向受灾点配送救援物资的任务。

由于属地救援情况复杂,综合考虑灾后属地设施点完好程度、灾区需求、车辆载重、救援时间限制等多个要素,从系统的角度出发通过建立多目标属地应急物流 CLRIP 模型来解决属地应急物资精准投送的综合协调优化问题,具体包括集散点的选址,集散点到受灾点运输路径的制定以及集散点的库存控制策略,同时达到应急响应时间最短、系统总成本最小的目标。问题描述,如图 7-4 所示。属地政府首先通过灾情信息预测得到各受灾点物资需求量,根据政府灾前规划得到属地潜在的集散点的位置。

属地应急物流 CLRIP 需要考虑的几个决策:

(1) 选址决策

众储点受灾点位置已经固定,需要在完好的潜在集散点中确定集散点的位置。

(2) 路径决策

把受灾点分配给相应集散点后,确定物资从集散点到受灾点的运输路径。

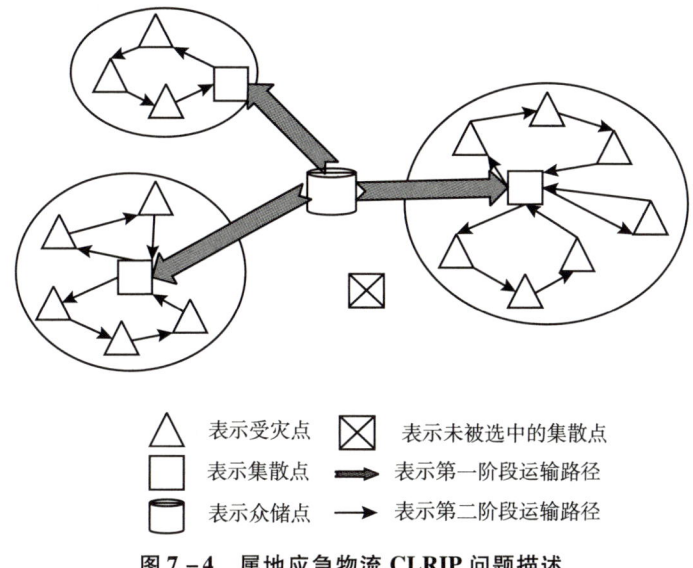

△ 表示受灾点　　☒ 表示未被选中的集散点
□ 表示集散点　　➡ 表示第一阶段运输路径
⌷ 表示众储点　　→ 表示第二阶段运输路径

图 7-4　属地应急物流 CLRIP 问题描述

（3）库存决策

制定集散点的库存控制策略，确定集散点的最优库存量。

由于应急物资的不可或缺性，采用连续检查的（S-1，S）库存策略，即发生需求立即补货至最优库存量 S，并采取巡回配送的方式将物资投送至受灾点。

7.2.2　假设说明

假设一：运输车辆种类相同，规格已知；

假设二：每辆车可以向多个受灾点配送物资，每个受灾点只能被一辆车服务；

假设三：每条路径上有且只有一辆车，救援车辆完成运输任务后返回到出发点；

假设四：假设各受灾点需求已知且相互独立，需求量是服从泊松分布的随机离散变量[191]。

175

假设五：假设属地应急物资不足，需向外埠进行物资请求。

假设六：各设施点之间运输方式为公路，集散点到受灾点的道路状况可通过 ArcGIS、天空地一体化监测技术得到。

7.2.3 模型建立

7.2.3.1 变量说明

（1）符号表示

I：表示 n_i 个受灾点的集合，$I = \{i \mid i = 1, 2, \cdots, n_i\}$；

J：表示 n_j 个潜在集散点位置的集合，$J = \{j \mid j = 1, 2, \cdots, n_j\}$；

M：表示 n_m 种物资的集合，$M = \{m \mid m = 1, 2, \cdots, n_m\}$；

K：表示 n_k 辆救援车辆的集合，$K = \{k \mid k = 1, 2, \cdots, n_k\}$；

V：所有集散点和受灾点的集合，即 $X \cup Y = V$；

Q_{im}：受灾点 i 对第 m 种物资的需求数量；

B_{jm}：集散点 j 负责分配的第 m 种物资数量；

C_j：集散点 j 的开放运营成本；

c_m：第 m 种物资的单位体积；

w_m：第 m 种物资的单位重量；

c：单运输车辆的最大容量；

w：单运输车辆的最大载重量；

d_j：众储点到集散点 j 的运输距离；

d_{ab}：节点 a 到节点 b 的运输距离，$a, b \in V$，$b \in I$；

v_0：运输车辆的行驶速度；

t_{m0}：第 m 种物资单位装卸时间；

t_{ji}：物资从集散点 j 出发到达受灾点的时间；

T_j：集散点物资预订提前期；

t_i：车辆最晚到达灾点的时间；

c_0：每单位距离的运输成本；

c_k：每单位车辆的固定使用成本；

c_{jm0}：集散点 j 对第 m 种物资的单位存储费用；

c_{jmq}：集散点 j 对第 m 种物资的缺货成本；

c_{tf}：单位时间惩罚成本；

p_j：集散点 j 的服务水平；

S_{jm}：整数变量，表示集散点 j 第 m 类物资的最优库存量；

（2）决策变量

X_{ij}：0~1 变量，表示若受灾点 i 由集散点 j 提供物资，则 X_{ij} 取值为 1，否则为 0；

Y_j：0~1 变量，考虑设施完好程度，若潜在集散点被选作可用集散点，则 Y_j 取值为 1，否则为 0；

O_{abk}：0~1 变量，考虑道路是否可通行，若车辆 k 从 a 点驶向 b 点，则 O_{abk} 取值为 1，否则为 0。

7.2.3.2 目标分析

由于本章研究的是属地应急物流选址路径库存集成问题，基于应急救援时间约束的紧迫性和弱经济性，所以首先要考虑的是如何在最短的时间内将救援物资送往灾区，又因为需要考虑库存控制，确保总体效益达到最优，所以将总成本最小作为第二目标。

（1）总应急响应时间最短

属地应急物流 CLRIP 问题中，救援物资投送的时间决定了应急救援的有效性，所以以救援时间最短为第一目标函数。对于每一个受灾点来说，由于物资运输起点和运输路径不同，物资到达该受灾点的时间也不相同。救援时间目标函数（7-3）表示任意时期内总的配送时间最小，应急响应总时间包括运输时间以及装卸时间。

其中，众储点到集散点、集散点到受灾点的运输时间是各节点之间的距离除以车辆平均速度，则从众储点到所有集散点的运输时间 $T1_{ys}$ 表示为：

$$T1_{ys} = \sum_{j \in Y} d_j / v_0 \qquad (7-1)$$

集散点到各救灾点的配送时间 $T2_{ys}$ 表示为：

$$T2_{ys} = \sum_{k \in K} \sum_{a,b \in V} O_{abk} d_{ab} / v_0 \qquad (7-2)$$

装卸时间 T_{zx} 包括从众储点到所有集散点的装卸时间，以及集散点到各受灾点的装卸时间。其中，从众储点出发的车辆在众储点的第 m 种物资单位装货时间以及到达集散点的单位卸货时间相等，从集散点出发的车辆在集散点的第 m 种物资单位装货时间，以及到达受灾点的单位卸货时间也相等，均为 t_m。则从众储点到所有集散点的装卸时间 $T1_{zx}$ 表示为：

$$T1_{zx} = \sum_{i \in X} \sum_{j \in Y} B_{jm} t_m \qquad (7-3)$$

集散点到各受灾点的装卸时间 $T2_{zx}$ 表示为：

$$T2_{zx} = \sum_{j \in Y} \sum_{i \in X} X_{ij} Q_{im} t_m \qquad (7-4)$$

综上可得所有受灾点的物资分配时间最短表示为：

$$\begin{aligned} \min T &= T1_{ys} + T2_{ys} + T1_{zx} + T2_{zx} \\ &= \sum_{j \in Y} d_j / v_0 + \sum_{k \in K} \sum_{a,b \in V} O_{abk} d_{ab} / v_0 + \sum_{i \in X} \sum_{j \in Y} B_{jm} t_m \\ &\quad + \sum_{j \in Y} \sum_{i \in X} X_{ij} Q_{im} t_m \end{aligned} \qquad (7-5)$$

（2）总成本最低

①设施开放运营成本

选择的潜在集散点为已经建成并可以迅速进行物资调拨使用的设施点，所以只考虑集散点的开放运营成本，表示为：

$$Z_{yy} = \sum_{j \in Y} Y_j C_j \qquad (7-6)$$

②救援物资运输相关成本

属地应急物流的运输费用主要包括车辆将救援物资从众储点运到集散点、集散点运到受灾点而产生的费用，假设车辆的运输费用是运输距离的一次函数，即：

$$Z_{ys} = \sum_{j \in Y} d_j c_0 + \sum_{a \in V} \sum_{b \in V} \sum_{k \in K} d_{ab} O_{abk} c_0 \qquad (7-7)$$

假设属地应急所用车辆均为属地车队的协议车辆,即灾前与属地车队签署协议,救援结束进行协议补偿。车辆使用成本 Z_k 表示为:

$$Z_k = \sum_{k \in K} C_k \qquad (7-8)$$

③库存相关成本

研究的属地救援物资经过的节点为众储点、集散点和受灾点。众储点专门存放救援物资,受灾点在灾后对物资消耗能力较大,基本不存在多余库存,所以,这里的库存费用 Z_{kc} 是指救援物资在集散点处发生的存储成本,即:

$$Z_{kc} = \sum_{m \in M} \sum_{j \in Y} S_{jm} c_{jm0} \qquad (7-9)$$

总应急救援成本最少表示为:

$$\begin{aligned} \min Z &= Z_{yy} + Z_{ys} + Z_k + Z_{kc} \\ &= \sum_{j \in Y} Y_j C_j + \sum_{j \in Y} d_j c_0 + \sum_{a \in V} \sum_{b \in V} \sum_{k \in K} d_{ab} O_{abk} c_0 + \sum_{k \in K} C_k \\ &+ \sum_{m \in M} \sum_{j \in Y} S_{jm} c_{jm0} \end{aligned} \qquad (7-10)$$

7.2.3.3 约束分析

(1) 物资供需关系约束

考虑属地环境的不稳定性,以及集散点的服务能力有限,所有集散点对受灾点物资的分配量小于等于所有受灾点的实际需求量之和,即:

$$\sum_{j \in Y} \sum_{i \in X} B_{jim} \leqslant \sum_{i \in X} \sum_{m \in M} Q_{im} \qquad (7-11)$$

(2) 服务水平约束

集散点对物资的服务水平不同,集散点的最优库存量应满足物资投送需求,即:

$$S_{jm} = \left\{ \min S_m \middle| \sum_{k=0}^{S_m - 1} \frac{e^{-B_{jm} t_j} (B_{jm} t_j)^k}{k!} \geqslant p_j \right\} \qquad (7-12)$$

(3) 时间约束

属地应急救援的首要目标是在最短的时间内最大限度的满足灾区需

求,根据灾后获得的灾区灾情信息,物资实际到达时间应满足不同受灾点需求物资的最迟到达时间,即:

$$t_{ji} \leq t_l \tag{7-13}$$

(4) 分配路径约束

集散点到受灾点之间采用巡回路径投送物资,集散点对应的受灾点在一条巡回路线上,即:

$$\sum_{k \in K} \sum_{a,b \in V} O_{abk} = 1 \tag{7-14}$$

车辆行驶到某节点,必须从该节点离开,即:

$$\sum_{a,b \in V} O_{abk} - \sum_{a,b \in V} O_{bak} = 0, \ k \in K \tag{7-15}$$

每辆车只能从一个集散点出发,即:

$$\sum_{k \in K} \sum_{a,b \in V} O_{abk} \leq 1 \tag{7-16}$$

只有被选中的集散点才能配送物资,即:

$$Y_j \geq X_{ij}, \ i \in X, \ j \in Y \tag{7-17}$$

(5) 车辆体积和载重量约束

车辆的体积是有限的,各物资出发点实际装载的物资总体积不能超过运输车辆的容量限制。

$$\sum_{i \in X} \sum_{j \in Y} \sum_{m \in M} X_{ij} Q_{im} c_m \leq c \tag{7-18}$$

车辆的载重量也是有限的,各物资出发点实际装载的物资总重量不能超过运输车辆的载重量限制。

$$\sum_{i \in X} \sum_{j \in Y} \sum_{m \in M} X_{ij} Q_{im} w_m \leq w \tag{7-19}$$

(6) 变量取值约束

由决策变量的定义可知:

$$X_{ij} = 0, \ 1, \ \forall i \in X, \ j \in Y \tag{7-20}$$

$$Y_j = 0, \ 1, \ \forall j \in Y \tag{7-21}$$

$$O_{abk} = 0, \ 1, \ \forall k \in K, \ a \in V, \ b \in V \tag{7-22}$$

$$B_j \geq 0 \text{ 且为整数}, \ \forall j \in Y \tag{7-23}$$

$$S_j \geq 0 \text{ 且为整数}, \forall j \in Y \quad (7-24)$$

7.2.3.4 建立模型

(1) 目标函数

主要目标：应急响应时间最短

$$\min T = \sum_{j \in Y} d_j/v_0 + \sum_{k \in K} \sum_{a,b \in V} O_{abk} d_{ab}/v_0 + \sum_{i \in X} \sum_{j \in Y} B_{jm} t_m$$
$$+ \sum_{j \in Y} \sum_{i \in X} X_{ij} Q_{im} t_m \quad (7-25)$$

次要目标：系统总成本最少

$$\min Z = \sum_{j \in Y} Y_j C_j + \sum_{j \in Y} d_j c_0 + \sum_{a \in V} \sum_{b \in V} \sum_{k \in K} d_{ab} O_{abk} c_0 + \sum_{k \in K} C_k$$
$$+ \sum_{m \in M} \sum_{j \in Y} S_{jm} c_{jm0} \quad (7-26)$$

(2) 约束条件

$$\sum \sum B_{jim} \leq \sum \sum Q_{im}, i \in X, j \in Y, m \in M \quad (7-27)$$

$$S_{jm} = \left\{ \min S \left| \sum_{k=0}^{S-1} \frac{e^{-B_{jm}t_j}(B_{jm}t_j)^k}{k!} \geq p_j \right. \right\} \quad (7-28)$$

$$t_{ji} \leq t_l \quad (7-29)$$

$$\sum \sum O_{abk} = 1, \forall k \in K, a \in V, b \in V \quad (7-30)$$

$$\sum O_{abk} - \sum O_{abk} = 0, \forall k \in K, a \in V, b \in V \quad (7-31)$$

$$\sum \sum O_{abk} \leq 1, \forall k \in K, a \in V, b \in V \quad (7-32)$$

$$Y_j \geq X_{ij}, i \in X, j \in Y \quad (7-33)$$

$$\sum_{i \in X} \sum_{j \in Y} \sum_{m \in M} X_{ij} Q_{im} c_m \leq c \quad (7-34)$$

$$\sum_{i \in X} \sum_{j \in Y} \sum_{m \in M} X_{ij} Q_{im} w_m \leq w \quad (7-35)$$

$$X_{ij} = 0, 1, \forall i \in X, j \in Y \quad (7-36)$$

$$Y_j = 0, 1, \forall j \in Y \quad (7-37)$$

$$O_{abk} = 0, 1, \forall k \in K, a \in V, b \in V \quad (7-38)$$

$$B_j \geq 0 \text{ 且为整数}, \forall j \in Y \quad (7-39)$$

$$S_j \geq 0 \text{ 且为整数}, \forall j \in Y \quad (7-40)$$

式（7-27）表示所有集散点对受灾点物资的分配量小于等于所有受灾点的实际需求量之和；式（7-28）表示水平相同不同，集散点的最优库存量因满足集散点的目标服务水平；式（7-29）表示物资实际到达时间应满足不同受灾点需求物资的最迟到达时间；式（7-30）表示采用巡回路径投送物资，各受灾点在一条巡回路线上；式（7-31）表示车辆行驶到某节点，必须从该节点离开；式（7-32）表示每辆车只能从一个集散点出发；式（7-33）表示只有被选中的集散点才能配送物资；式（7-34）和式（7-35）表示每个物资出发点实际装载的物资总体积不能超过运输车辆的规格限制；式（7-36）表示如果受灾点 i 由集散点 j 提供物资，则为 1，否则为 0；式（7-37）表示对决策变量的约束，即当潜在集散点被选择时为 1，不被选择时为 0；式（7-38）表示运输道路的状态对决策变量的限制，选择该条运输道路为 1，不选时为 0；式（7-39）和式（7-40）是对变量的整数要求。

7.2.4　算法设计

7.2.4.1　基本算法

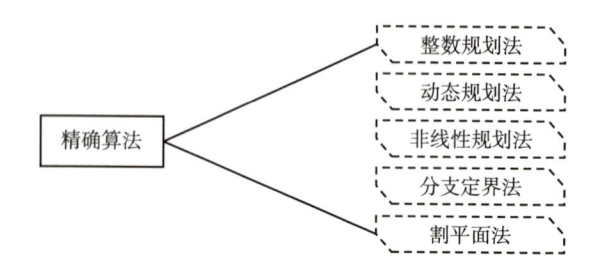

针对物流系统集成问题的 NP-hard 属性，目前的求解算法主要是精确算法（Exact algorithm）与启发式算法（Heuristics）。其中，启发式算法又可分为传统启发式算法和元启发式算法，如图 7-5 所示。

精确算法
- 整数规划法
- 动态规划法
- 非线性规划法
- 分支定界法
- 割平面法

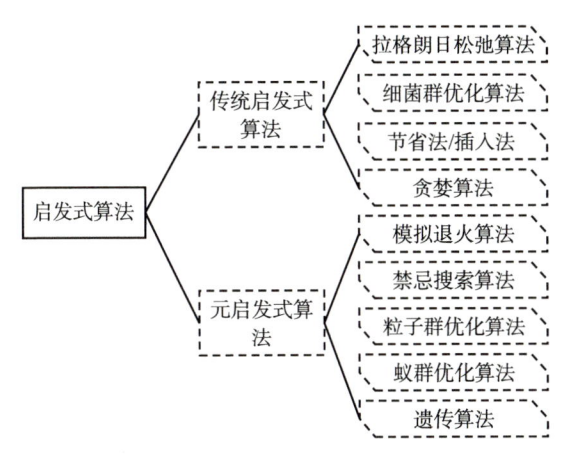

7 属地应急物流选址—路径—库存集成优化问题研究

图 7-5 物流系统集成问题主要算法

本章总结了各种算法各自的特点和适用性，如表 7-1 所示。由于本章所研究的模型是比较复杂的，因此，在求解的时候使用精确算法效率会比较低。因此，通过分析和比较可看出现代启发式算法是解决 VRP 问题最合适的一类算法。

表 7-1　　　　　　　　　LRP 求解算法比较

算法种类	优点	缺点	适用范围
精确算法	可以求得出最优解	计算耗时较长，效率比较低	小规模问题的求解比较适用，问题规模比较大的时候，效率较低
传统启发式算法	求解的速度比较快，搜索次数较少	无法保证求出的解是全局最优解	适用于规模较小的问题
元启发式算法	求解速度与上两种算法相比非常快，求出解的质量也非常优秀	智能算法求出的解通常比较接近于最优解	适用于问题规模表交大，且目标函数非常复杂，约束条件比较多的大型优化问题

(1) 精确算法

精确算法种类较多，在解决集成问题方面常用的有整数规划算法、动态规划算法、非线性规划法、分支定界法以及割平面法等。精确算法在解决小规模集成问题，能够在可接受的时间内找到最优解，对于实际中较大规模的集成问题，学者们多把其拆分成若干个子问题，再依次用精确算法或启发式算法加以解决，使复杂的问题简单化。由于其在求解 NP-hard 问题时有很大的局限性，部分学者会将精确算法作为参考，一方面提供问题的可行解，另一方面为启发式方法提供初始解，或者用来比较启发式算法的求解效率和质量。

（2）启发式算法

传统启发式算法简单易懂、求解速度快，搜索次数少，能够在一个可接受的计算成本内尽可能地逼近最优解，得到相对最优解。对于集成问题，早期时大多采用将集成问题分解两个子问题分别求解。但由于收敛速度较慢，只适合求解小型、简单的集成问题。随着复杂约束的增多或问题规模的扩大，传统启发算法容易陷入局部最优解，且求解的结果较依赖于初始值，会使得计算时间过多而降低精度。

元启发式算法是传统启发式算法的改进。针对大规模的集成问题，越来越多的研究者趋向于采用模拟退火算法、禁忌搜索算法、蚁群优化算法、遗传算法等算法来达到或逼近该问题的全局最优解[192]。各算法特性不同，适用范围也不同。模拟退火算法具有收敛速度快，全局搜索的特点，但是不能确定是否能够找到全局最优解。禁忌搜索算法与蚁群算法的搜索时间较长，一般用来处理具有连续性的空间优化问题。由于遗传算法能兼顾运算时间和效率两方面，做到在相对较短的时间内，得到较好的逼近最优解，所以遗传算法具有较好的发展前途的方法。

7.2.4.2 混合算法提出

贪婪算法是一种常见的寻优算法，其核心思想是用局部最优解去逼近全局最优解，在对问题求解时，能够在较短的时间内找到较为满意的解[193]。贪婪算法没有固定的算法框架，但是贪婪法简单、高效，省去了为找最优解可能需要的穷举操作，可以得到与最优解接近的近似最优解，通常作为其他算法的辅助算法来使用。

遗传算法的每一个可能解都被编码成一个"染色体"，随机产生的若干个染色体构成了初始种群,然后根据预定的适应度函数对每一个个体进行评估,基于得出的适应度值,选择适应度值高的个体被用来产生下一代,低的个体则被淘汰,将选择出来的个体进行交叉和变异操作,组合生成新的种群。因此,遗传算法可以看成是一个由可行解组成的群体初步进化的过程。

不同的算法在解决集合问题时有各自的优点和适用性,针对上文建立的非线性整数规划模型,很难找到一种精确而又快速的求解算法。在处理这类问题上,无法用精确算法解决,学者们通常是选用能够比较快地得到满意解的启发式算法。针对供需关系约束、路径选择约束、车辆容量约束的冲突性多目标 CLRIP 模型,将遗传算法全局搜索能力的优越性以及贪婪算法在局部最优解问题中的良好表现结合起来,提出了一种混合启发式算法。

结合贪婪算法的思想以及遗传算法框架,先以时间最短为目标进行寻优,找到局部最优解,再利用局部搜索不断优化所求解,最终得到最优解。混合算法首先通过贪婪算法优化总时间,然后使用遗传算法来进行进一步的优化,算法的流程图见图 7-6。

7.2.4.3 混合算法设计

本章主要采用遗传算法中加入贪婪算法的混合算法,先用贪婪算法优化时间,确定当前迭代次数里的最优解,再用遗传算法进行进一步优化,下面结合仿真算例,对其中的几个步骤进行说明:

(1) 编码

将染色体的组成元素设定为集散点和救灾点混合,染色体排序靠前出现的集散点为选中的集散点。算例中存在 10 个受灾点,分别表示为 1,2,3,…,10,5 个潜在集散点表示为 11、12、13、14、15,定义选取 3 个集散点,则排在靠前位置的三个集散点代码为选中的集散点。则定义染色体的长度是:受灾点数和所有集散点数之和,即 5+10=15,如图 7-7 所示。

图 7-6 混合启发式算法流程

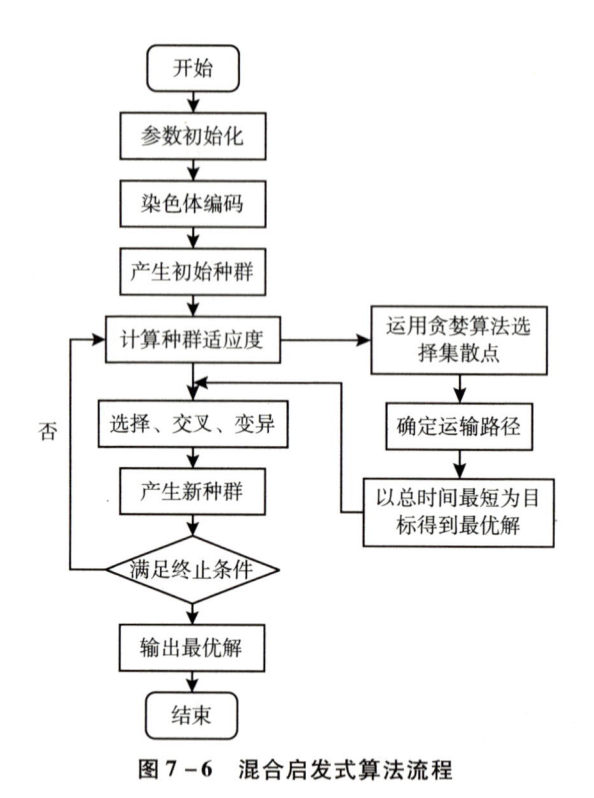

图 7-7 染色体编码

由图 7-7 可知，最先出现的 3 个集散点代码为 15、13、12，即该个体选择的集散点为 15、13、12，按照总时间最小为目标，可得到集散点的选址以及集散点到受灾点的路径规划方案。

（2）适应度函数

遗传算法中每一条染色体都对应着一个解决方案，一般用适应度函数（fitness function）来衡量解决方案的优劣。根据建立的模型，救援后期的集成优化模型是总应急响应时间最短和系统总成本最小的双目标模型。一般情况下，解决双目标优化的问题的方法很多，采用线性加权求和法。T_i 表示通过贪婪算法得到的同一代种群中每条染色体的最小应急响应时间，T_{max} 和 T_{min} 表示其中的最大值和最小值，根据 T_i 递增的原则，对所有染色体进行排列，$T(i)$ 表示第 i 条染色体的序号。系统总成本 Z 做相同处理，得到每条染色体的适应度函数为：

$$F_t(i) = \frac{T_{max} - T_i}{T_{max} - T_{min}}(N - T(i)) \quad (7-41)$$

$$F_z(i) = \frac{Z_{max} - Z_i}{Z_{max} - Z_{min}}(N - Z(i)) \quad (7-42)$$

由于时间对于应急物流的重要性，而成本在应急救援中的相对次要性，赋予 $F_t(i)$ 较高的权重，权重之和需等于 1，然后累加求和得出每条染色体的综合适应度函数，如式（7-43）：

$$F(i) = \alpha F_z(i) + \beta F_z(i) \quad (7-43)$$

（3）遗传操作

选择的过程体现了自然界中"优胜劣汰、适者生存"的规律。选择操作的任务就是依据适应值的大小从父代群体中选取一些个体，遗传到下一代群体。由于是进行随机选择的，选择轮盘赌选择法，假设种群的规模为 N，$F(i)(i=1, 2, \cdots, N)$ 是其中 i 个染色体的适应值，则第 i 个染色体被选中的概率表示为：

$$P(i) = \frac{F(i)}{\sum_{i=1}^{N} F(i)} \quad (7-44)$$

遗传算法主要过交叉运算产生新的个体，是指对两个配对的染色体按交配概率 pc 相互交换其随机部位基因，从而形成两个新的个体。

变异运算是指将个体染色体编码串中的基因座上的基因值用该基因座上的其他等位基因来替换，用变异后的染色体代替新群体中的原染色体。

（4）终止准则

遗传算法的终止准则一般有三个，分别是种群代数达到预先设定的最大迭代次数、运行时间达到预先设定的最大时间、适应度值的大小持续不更新，采用第一个停止准则。为了防止出现迭代次数过多，或者不收敛的情况，设置最大迭代数为300，进化过程中适应值最大的染色体，经解码后作为最优解输出。

7.3 仿真算例

7.3.1 算例描述

某一地区发生地震灾害，以属地政府为主开展应急救援。现随机生成10个坐标数据作为受灾点的地理坐标，需要从5个候选集散点中分别选取3个集散点，灾后灾民对食品、饮用水、药品等生活类循环物资的需求最为迫切，本算例选择生活类中的方便面、矿泉水、应急药包作为研究物资。通过灾区的监测报告，及时做出各受灾点需求预测，算例中随机产生各个受灾点的物资需求数量。

10个受灾点使用1~10号数字代替，5个候选集散中心使用11~15号数字代替，众储点用16号数字代替。救灾点坐标及需求量，如表7-2所示。

表7-2　　　　　　　候选救灾点坐标及需求量

救灾点编号	坐标	矿泉水（件）	方便面（件）	急救包（件）	最晚到达时间（小时）
1	(8, 19)	40	30	50	2
2	(50, 15)	30	15	80	4
3	(15, 10)	15	23	45	3
4	(65, 15)	30	15	60	2
5	(62, 32)	32	35	40	3.5
6	(20, 25)	35	25	65	3

续表

救灾点编号	坐标	矿泉水（件）	方便面（件）	急救包（件）	最晚到达时间（小时）
7	(40, 20)	40	35	100	4
8	(35, 84)	25	19	80	5
9	(53, 55)	15	20	55	2.5
10	(25, 65)	26	30	90	3

5个潜在集散点的地理位置坐标和固定开放成本，如表7-3所示，配送中心的坐标是随机生成的，而集散点固定开放成本是假设得来的。

表7-3　　　　　　　候选集散点相关参数

集散点编号	坐标	开放运营成本（元）	预订提前期（小时）
11	(18, 54)	25 000	5
12	(50, 23)	9 000	5
13	(40, 60)	12 000	3
14	(27, 45)	21 000	4
15	(15, 38)	15 000	5

地震爆发后，众储点汇集各个来源的物资，已知众储点救援物资的供应量充足，众储点坐标为（32，40）。通过实际调研目前市场上主要流通的三种物资，得到其单位体积、单位重量以及单位装卸时间，如表7-4所示。

表7-4　　　　　　　单位物资相关参数

物资名称（单位）	方便面（件）	矿泉水（件）	急救包（件）
单位体积（立方米）	0.02	0.02	0.003
单位重量（千克）	0.11	13.2	0.2
单位装卸时间（小时）	0.008	0.01	0.0004

各集散点采用连续检查的库存检查策略，采用满足一定服务水平的（S-1，S）订货策略。各候选集散点对不同物资的单位存储费，如表7-5所示。

表7-5　　　　　　　　候选集散点相关成本

集散点	矿泉水单位存储费用（元）	方便面单位存储费用（元）	急救包单位存储费用（元）
11	1	1	1
12	3	2	2
13	2	3	1
14	2	3	1
15	4	1	2

通过查阅资料现在载重15吨的货车单位里程运输成本约为6元/千米，最大容量为30m³。为了安全因素考虑，假设车辆在行驶过程中匀速行驶，行驶速度为40km/h；应急车辆完成投送任务后返回出救点。单位车辆的固定使用成本为100元，各集散点的目标服务水平为0.95。参数设定，如表7-6所示。

表7-6　　　　　　　　模型相关参数

参数	参数值
C_0	1.5 元/千米
c	30 立方米
w	8 吨
t_i	50 千米/小时
C_k	100 元
p	0.95
α	0.8
β	0.2

遗传算法相关参数，如表 7-7 所示。

表 7-7　　　　　　　　　　算法参数

参数	参数值
Inn	20
gnmax	200
pc	0.8
pm	0.5

7.3.2　算例求解

（1）设施点及路况完好情况下的求解

根据遗传算法步骤，用 MatlabR 2016a 编程求解，在集散点选址、受灾点分配和路径选择方面进行了求解。根据所建立的属地应急物流 CLRIP 模型，得到目标值的优化过程和最优染色体对应路径规划结果，如图 7-8、图 7-9 所示。

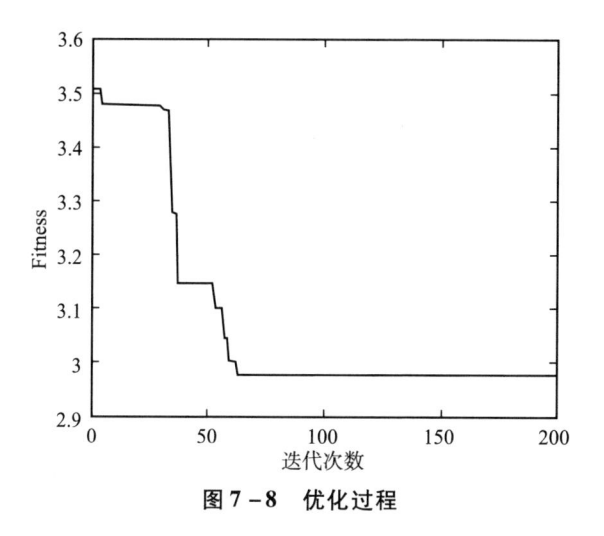

图 7-8　优化过程

迭代次数200

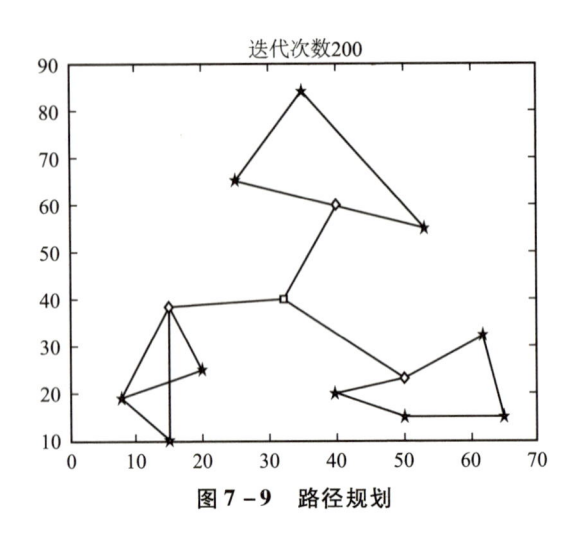

图 7-9　路径规划

从迭代图 7-8、图 7-9 中可以看出，随着迭代次数的增加，函数的适应度值逐渐降低，在大概迭代 63 次，趋于稳定，收敛于 2.9779，取得最优解。通过轨迹图可知选中的集散点为 12、13、15，总的应急响应时间最短的路径路线安排，如表 7-8 所示。

表 7-8　　　　　　　　路径优化结果

集散点	路径安排
12	12 - 5 - 4 - 2 - 7 - 12
13	13 - 10 - 8 - 9 - 13
15	15 - 6 - 1 - 3 - 15

即从集散点 12 出发到受灾点的路径为 5、4、2、7；从集散点 13 到受灾点路径为 10、8、9，集散点 15 到受灾点 6、1、3。各个集散点三个种类的最优库存量明细分别，如表 7-9 所示。

表 7-9　　　　　　　　　　最优库存量明细

集散点	矿泉水（件）	方便面（件）	急救包（件）
12	70	56	147
13	28	29	82
15	57	51	96

即集散点 12 对矿泉水、方便面、急救包的最优库存分别是 70 件、56 件、147 件；集散点 14 对矿泉水、方便面、急救包的最优库存分别是 28 件、29 件、82 件；集散点 15 对矿泉水、方便面、急救包的最优库存分别是 57 件、51 件、96 件。此时，总应急响应时间为 8.7107 小时，总成本为 45 781 元。

（2）设施点失效情况下的求解

由于地震灾害会造成泥石流、山体滑坡等次生灾害，导致属地道路损毁、设施点失效等状况，根据相关部门实时反馈的属地灾后信息，假设得到受损情况，如表 7-10 所示。

表 7-10　　　　　　　　　　受损情况

失效类型	具体情况
设施损毁	集散点 13 损毁

根据表 7-10 的信息，将相关数据带入求解，可得到设施点 13 失效情况下目标值的优化过程和最优染色体对应路径规划结果，如图 7-10、图 7-11 所示。

设施点及路况受损情况下选址路径方案，如表 7-11 所示，最优库存量明细，如表 7-12 所示。

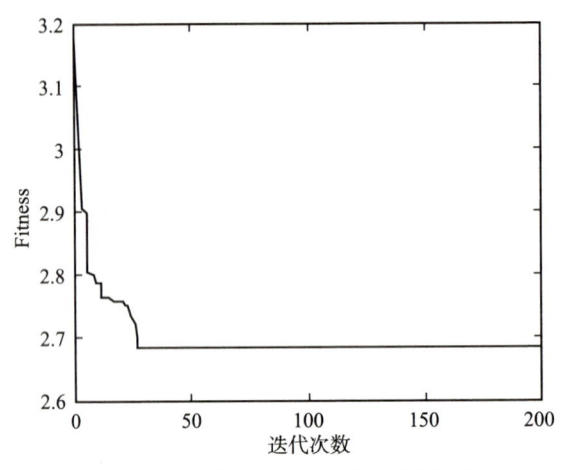

图 7-10 基础设施受损情况下优化过程

图 7-11 基础设施受损情况下轨迹

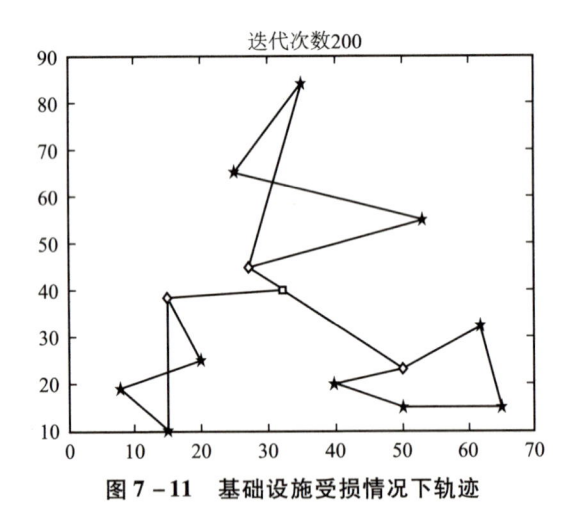

表 7-11　　　　基础设施受损情况下路径优化结果

集散点	路径安排
12	12 - 5 - 4 - 2 - 7 - 12
14	14 - 9 - 10 - 8 - 14
15	15 - 6 - 1 - 3 - 15

即在基础设施受损情况下,从集散点 12 到受灾点路径为 5、4、2、7,集散点 14 到受灾点路径为 9、10、8;从集散点 15 到受灾点路径为 6、1、3。

表 7 – 12　　　　　基础设施受损情况下库存量明细

集散点	矿泉水(件)	方便面(件)	急救包(件)
12	60	50	112
14	35	34	57
15	102	90	131

即在基础设施受损情况下,集散点 12 对矿泉水、方便面、急救包的最优库存分别是 60 件、50 件、112 件;集散点 14 对矿泉水、方便面、急救包的最优库存分别是 35 件、34 件、57 件;集散点 15 对矿泉水、方便面、急救包的最优库存分别是 102 件、90 件、131 件。此时,总应急响应时间为 11.7818 小时;总成本为 53 024 元。

7.3.3　结果分析

本小节在假设集散点 13 失效的基础上,通过改变集散点服务水平的数值对模型进行灵敏度分析。服务水平取值范围为 0.5~1,步长为 0.05,运行程序得到总应急响应时间随服务水平的变化图及选定集散点各类物资的最优库存量总量随服务水平的变化图,如图 7 – 12、图 7 – 13 所示。

从图 7 – 12 可以看出不同的服务水平对总应急响应时间的影响。随着服务水平的增加,总应急响应时间逐渐增加。因为当集散点服务水平增加时,表示满足灾点需求量增加,即配送物资数量多,物资装卸时间增大,所以总应急响应时间增大。

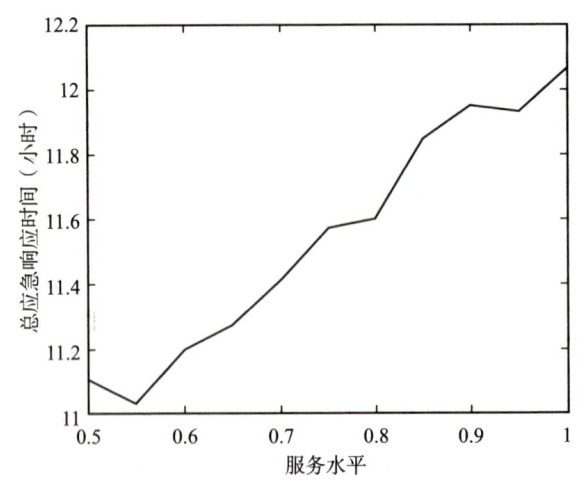

图 7-12　总应急响应时间随服务水平变化

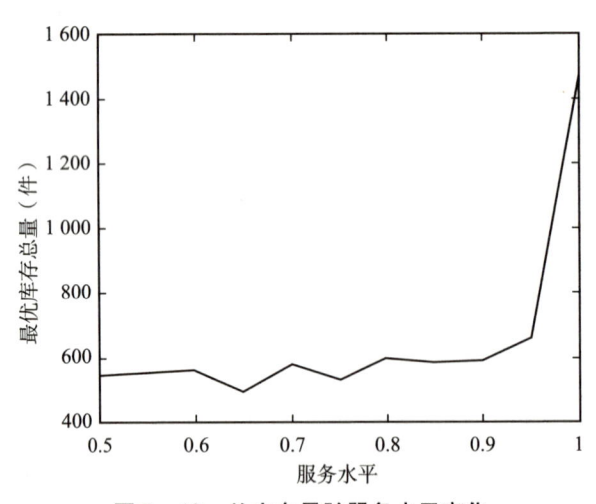

图 7-13　总库存量随服务水平变化

从图 7-13 可以看出，随着集散点服务水平的增加，集散点的最优库存量也在逐渐增加。因为服务水平的增加，意味着各集散点应储备更多的库存量，以确保满足各受灾点的需求。

7.4 本章小结

本章首先分析了属地应急物资调配的集成优化，分别对属地应急物流业务场景和运作流程进行了描述。然后构建了属地应急物流 CLRIP 模型。

对研究问题进行描述，将研究问题定义为救援阶段中后期，从系统的角度解决属地应急物流多目标、多任务及多约束的综合协调与优化问题，确定需要得到属地应急设施的选址决策、物资的分配路径决策以及库存决策。综合考虑属地灾情、灾区需求、车辆载重、救援时间限制等多个因素，构建了以总响应时间最短，总成本最小为目标的模型。

接着对集成问题的常用算法进行介绍比较，选用遗传算法和贪婪算法的混合算法解决属地应急物流选址路径库存的集成问题，在属地应急物流 CLRIP 模型的基础上，设计算例对模型和算法进行验证，得出了该算例的选址结果、路径规划、库存控制方案。通过灵敏度分析，验证了模型的有效性。

8

结 论

本书针对属地应急物资分配问题，考虑到灾后道路损毁、通信中断导致信息不能实时更新，造成灾区需求不确定，对需求不确定下的属地应急物资分配问题进行研究；针对属地应急联合调度问题，考虑突发事件发生后可能导致道路运输网中断情况，对属地应急下多种运输方式横向分流联合调度问题进行研究；针对应急物流下的选址—路线安排问题，考虑到应急物流设施在自然灾害发生的时具有失效的可能性以及满足完全覆盖的情况，主要对设施失效条件下的应急物流系统中选址—路径问题进行研究；针对应急物资调配问题，考虑到中后阶段物资进行多次分配，对集散点的选址、二次分配运输路线的制定以及集散点的库存控制策略进行研究。取得以下研究成果：

（1）解决了需求不确定条件下的属地应急物资分配问题

本书研究的是属地应急救援中多出救点、多受灾点、多种物资的分配问题，在灾害发生后第一时间，后方应急物资送达之前，属地政府组织自救，统筹属地资源，进行应急物资分配。对属地应急物资分配中的现实约束加以分析，以救援时间最小化和需求满足率最大化为目标函数，构建了相应数学模型，并通过实例进行求解，得出最优的物资分配方案。该方案实现了最短的救援时间和最大的需求满足率之间的平衡，将有限的属地资源发挥出最大的效用，减少了灾区的损失。

8 结　论

（2）丰富和完善属地应急管理理论

虽然现阶段国家对属地管理的重要性有了一定的认识，并颁布了一系列法律法规明确其地位，但是针对属地管理方法和理论的研究还较少，理论基础较薄弱，针对属地应急方面的研究则更少。本书对国家相关法律法规以及国内外的文献加以研究，阐述了属地应急物流的相关概念，并对属地应急物资分配系统进行分析，丰富和完善属地应急理论，为属地应急救援奠定理论基础。

（3）为不确定因素的优化提供了经验

本书考虑到灾后物资需求量难以确定，对物资需求量这个不确定因素进行优化，通过预测给出了需求量的变化区间，使得不确定的需求处于一个变化区间内。通过引入鲁棒优化参数 β 控制需求量，消除不确定性对模型求解造成的影响，协调模型的最优性和鲁棒性。构建属地应急物资分配模型，并且对数学模型进行求解，得出了需求不确定条件下的属地应急物资分配方案。

（4）丰富和完善属地应急物流管理理论

现阶段对属地管理方法和理论的研究较薄弱，还不够完善，针对属地应急物流管理的研究较少。本书在查阅国家相关法律文件、国内外的研究文献的基础上，探讨了属地应急物流的概念特点，分析了属地应急物流运作与管理以及属地应急物流调度关键要素。

（5）界定了属地应急多种运输方式联合调度问题

通过分析应急物流理论、车辆调度理论和联合运输理论的内涵及特点，将属地应急多种运输方式联合调度的问题界定为：多出救点多受灾点多种运输方式满载直配的横向分流联合调度，为问题的研究找到了理论依据和支撑。

（6）提出了属地应急多种运输方式横向分流的联合调度方法

针对属地恶劣环境下，道路运输网可能中断的情况，本书在综合分析属地应急横向分流的多种运输方式联合调度的基础上，在保证最低满足率的前提下，以总应急响应时间最短作为主要目标，以总运力满足率最大作为次要目标建立多目标的混合整数规划模型。通过 Matlab 编码，实现数学模型的求解，得出了属地应急多种运输方式联合调度的决策方案。

（7）研究了经典的确定型 LRP 的扩展问题

即应急物流设施能以一定的概率发生失效，进而提出了基于情景的建模方法。灾后，物流的基础设施如仓库和配送中心等会因为环境变化等因素失效，从而对路径规划造成很大影响。本书将研究问题范围限定到救援的灾区末端，即研究的是基于现场救援的 LRP 问题，对选址—路径问题进行多阶段考虑。其中，突发事件发生前的选址决策属于第一阶段，路径策略属于第二阶段决策，设施发生失效后的重新路径规划属于第三阶段。本书设定情景的数量随应急物流设施数量增加而呈指数级增加，因此采用了最大似然采样法求解。

（8）分析了灾后救援资源与车辆快速高效匹配问题

主要针对灾后政府储备资源有限且后方资源未到达的情况，通过对分散在不同地点的社会资源进行统筹，研究属地应急虚拟车货匹配。本书以响应时间最短和车货匹配满意度最大为目标函数，综合考虑出救点车辆数量、应急车辆类型、速度、载重体积、应急订单重量、体积、灾区最低保障率、运输网络状况等多个影响因素，构建了运输网络部分中断情况下的多对多的车货匹配模型。

（9）联合优化了属地应急物流选址—路径—库存集成问题

重点研究应急救援阶段中后期，综合考虑属地灾情信息、灾区需求、车辆载重、救援时间限制等多个影响因素，构建以总响应时间最短、总成本最小为优化目标的模型。通过混合算法求解需要得到的属地应急设施选址决策、物资的分配路径决策以及库存决策。

（10）遗传算法设计

主要采用简单易行的遗传算法对本书涉及的问题进行求解。首先对遗传算法进行了简要介绍，并结合本书研究的模型和需要解决的实际问题对遗传算法进行了设计。通过 Matlab 编程，在 Intel Corei5 2.20GHz 内存为 4.00GB 的笔记本电脑上运行，最后得到灾后多种情形下的解决方案，为实施快速精准救援提供了一个新的思路。在编程中特定的编码方法保证了返回结果能体现出解的特征，而改进的交叉、变异过程保证了不同问题均可结合其自身特点，对于搜寻整体最优解来说是一个很好的保障。

参 考 文 献

[1] 民航资源网. 解码中国直升机应急救援"乱"局 [EB/OL]. [2016-11-10]. http://news.carnoc.com/list/234/234905.html.

[2] Lord A. F. Integrated Emergency Management: The Roles of Federal, State and Local Government with Implications for Homeland Security [J]. 2003 (29): A414629.

[3] Jenny P., Elina R. Developing Local Emergency Management by Co-Ordination between Municipalities in Policy Networks: Experiences from Sweden [J]. Journal of Contingencies & Crisis Management, 2007, 15 (4): 173-182.

[4] Gooden S., Boyd M. Social Equity in Local Emergency Management Planning [J]. State & Local Government Review, 2009, 41 (1): 1-12.

[5] 陈莹珍, 赵秋红. 基于属地原则的应急物资分配问题 [C]. 中国系统工程学会学术年会, 2014.

[6] 马颖超. 我国应急属地管理原则探析 [J]. 科技视界, 2015 (34): 140-141.

[7] 关磊, 曹朝妮, 于洋. 重大危险源企业与属地政府"一对一"应急预案编制研究 [J]. 中国安全生产科学技术, 2015 (4): 123-127.

[8] 杨新水. 乡镇属地化管理的困境与化解——以惠州市白花镇为例 [D]. 华南理工大学, 2016.

[9] 刘永强. 我国县级政府应急管理能力的影响因素及提升对策 [D]. 西北大学, 2016.

参考文献

[10] 郑琛, 佘廉. 我国突发事件现场应急指挥组织体系构建探析 [J]. 华南理工大学学报 (社会科学版), 2016, 18 (1): 40-45.

[11] 李湘江. 论群体性事件的应急管理 [J]. 山西大同大学学报 (社会科学版), 2007, 21 (3): 40-42.

[12] 廖晓明, 胡雁. 我国地方政府突发公共事件应急管理之诌议 [J]. 中共乐山市委党校学报, 2008, 10 (4): 64-66.

[13] 陈玲. 突发事件应急管理预警机制研究 [J]. 对外经贸, 2009 (11): 92-93.

[14] Khayal D., Pradhananga R., Pokharel S., et al. A model for planning locations of temporary distribution facilities for emergency response [J]. Socio-Economic Planning Sciences, 2015, 52: 22-30.

[15] 郭子雪, 张强. 模糊聚类分析在突发事件应急物资分类中应用 [J]. 计算机工程与应用, 2009, 45 (35): 208-211.

[16] 王庆荣, 赵小柠, 杨景玉. 基于改进K均值聚类POS算法的应急物资分类研究 [J]. 兰州交通大学学报, 2014 (3): 213-216.

[17] 李辉. 应急物资分类标准与编码规范研究 [J]. 标准科学, 2017 (7): 18-24.

[18] 赵姝迪. 面向特大地震灾害的应急物资分类研究 [J]. 商品与质量, 2012 (s2): 38-38.

[19] 夏萍, 刘凯. 基于概率神经网络的应急物资分类研究 [J]. 物流技术, 2010, 29 (3): 93-94.

[20] Liu Z. X., Zhang J. Explore the Storage and management of the Emergency Supplies from the experience of Wenchuan Earthquake [J]. Logistics Engineering & Management, 2008.

[21] Taskin S., Jr E. J. L. A Bayesian decision model with hurricane forecast updates for emergency supplies inventory management [J]. Journal of the Operational Research Society, 2011, 62 (6): 1098-1108.

[22] Okumura M. Logistics Chain Management for Emergency Supplies

[J]. World Bank Other Operational Studies, 2013, 31.

[23] 姜玉宏, 颜华, 欧忠文, 等. 应急物流中应急物资的管理研究 [J]. 物流技术, 2007, 26 (6): 17 – 19.

[24] 周晓利. 应急物流中应急物资管理问题研究 [J]. 现代商贸工业, 2010 (18): 41 – 42.

[25] 晏士梅. 应急物资管理浅析 [J]. 物流工程与管理, 2010 (5): 78 – 81.

[26] 仲秋雁, 薛慧芳, 叶鑫. 城市应急物资管理流程模型研究——以危险化学品事故为例 [J]. 大连理工大学学报（社会科学版), 2013, 34 (1): 5 – 11.

[27] 曾霞, 胡卫建, 陈康, 等. 模块化管理在地震救援应急物资管理实践与体会 [J]. 实用临床护理学电子杂志, 2017, 2 (5).

[28] 马雪, 杨立刚, 朱莎莉, 等. 浅析突发灾害性事件下应急物资的管理 [J]. 商业经济, 2014 (6): 29 – 31.

[29] 翟丹妮. 对于应急物资管理方法的研究 [J]. 中国应急管理, 2008 (10): 42 – 44.

[30] 韦保新. 物联网实现救灾应急物资管理的零距离 [J]. 中国减灾, 2011 (17): 10 – 11.

[31] 陈一洲, 杨锐, 秦挺鑫, 等. 应急物资管理平台标准化问题研究 [J]. 中国安全生产科学技术, 2015 (2): 88 – 94.

[32] Tzeng G. H., Cheng H. J., Huang T. D. Multi-objective optimal planning for designing relief delivery systems [J]. Transportation Research Part E Logistics & Transportation Review, 2007, 43 (6): 673 – 686.

[33] 曾敏刚, 崔增收, 李双. 一种多受灾点的灾害应急资源分配模型 [J]. 工业工程, 2010, 13 (1): 85 – 89.

[34] 王楠, 刘勇, 曾敏刚. 自然灾害应急物流的物资分配策略研究 [C]. 第五次中国物流学术年会, 2006.

[35] 王旭坪, 董莉, 陈明天. 考虑感知满意度的多受灾点应急资源

分配模型［J］. 系统管理学报, 2013, 22 (2): 251-256.

［36］Carmen G. Rawls, Mark A. Turnquist. Pre-positioning and dynamic delivery planning for short-term response following a natural disaster［J］. Socio-Economic Planning Science, 2012, 46: 46-54.

［37］G. Barbarosoglu, Y. Arda. A. Two-stage Stochastic Programming Framework for Transportation lanning in Disaster Response［J］. Journal of the Operational Research Society, 2004, 55 (1): 43-53.

［38］詹沙磊, 刘南. 基于灾情信息更新的应急物资配送多目标随机规划模型［J］. 系统工程理论与实践, 2013, 33 (1): 159-166.

［39］Oezdamar L., Ekinci E., Kuecuekyazici B. Emergency Logistics Planning in Natural Disasters［J］. Annals of Operations Research, 2004, 129 (1-4): 217-245.

［40］Chang Fu-Sheng, Wu Jain-Shing, Lee Chung-Nan, et al. Greedy-search-based multi-objective genetic algorithm for emergency logistics scheduling［J］. Expert Systems with Applications, 2014, 41: 2947-2956.

［41］周晓猛, 姜丽珍, 张云龙. 突发事故下应急资源优化配置定量模型研究［J］. 安全与环境学报, 2007, 7 (6): 113-115.

［42］陈达强, 郑文创, 丁夏, 等. 带时变供求约束的应急物资分配模型［J］. 物流技术, 2009, 28 (2): 90-92.

［43］Sheu J. B. An emergency logistics distribution approach for quick response to urgent relief demand in disasters［J］. Transportation Research Part E, 2007, 43 (6): 687-709.

［44］李双琳, 马祖军, 郑斌, 等. 震后初期应急物资配送的模糊多目标选址——多式联运问题［J］. 中国管理科学, 2013, 21 (2): 144-151.

［45］石锐. 基于时空网络的震后救援物资配送模型研究［D］. 华中科技大学, 2011.

［46］艾云飞, 吕靖, 张丽丽. 三角模糊需求下水上应急储备库选址——分配优化模型［J］. 安全与环境学报, 2016, 16 (2): 179-183.

[47] 张志霞, 谭俊, 肖晗. 大规模突发事件应急资源调度的多目标鲁棒优化研究 [J]. 工业安全与环保, 2017, 43 (8): 1-4.

[48] 张玲, 王晶, 黄钧. 不确定需求下应急资源配置的鲁棒优化方法 [J]. 系统科学与数学, 2010, 30 (10): 1283-1292.

[49] 毛超. 带模糊时间窗的多车型车辆调度问题研究 [D]. 湖南大学, 2009.

[50] Dantzig G. B., Ramser J. H. The Truck Dispatching Problem [J]. Management Science, 1959, 6 (1): 80-91.

[51] 张斌. 应急物流配送车辆调度优化研究 [D]. 大连海事大学, 2007.

[52] M Savelsbergh. Local search for routing problem with time windows [J]. Annals of Operations Research, 1985, 16 (4): 285-305.

[53] Sheu J. B. Dynamic relief-demand management for emergency logistics operations under large-scale disasters [J]. Transportation Research Part E Logistics & Transportation Review, 2010, 46 (1): 1-17.

[54] Sheu J. B. An emergency logistics distribution approach for quick response to urgent relief demand in disasters [J]. Transportation Research Part E Logistics & Transportation Review, 2007, 43 (6): 687-709.

[55] Burcu Balcik, Benita M. Beamon, Karen Smilowitz. Last Mile Distribution in Humanitarian Relief [J]. Journal of Intelligent Transportation Systems, 2008, 1818 (2): 51-63.

[56] Huang M., Smilowitz K., Balcik B. Models for Relief Routing: Equity, Efficiency and Efficacy [J]. Transportation Research Part E, 2012, 17 (1): 416-437.

[57] 陈森, 姜江, 陈英武, 等. 未定路网结构情况下应急物资车辆配送问题模型与应用 [J]. 系统工程理论与实践, 2011, 31 (5): 907-913.

[58] 陈钢铁, 帅斌. 基于模糊网络和时间依赖的应急车辆调度优化研究 [J]. 中国安全科学学报, 2011, 21 (8): 171-176.

[59] 陈安, 陈宁, 倪慧荟. 现代应急管理理论与方法 [M]. 北京: 科学出版社, 2009: 232-263.

[60] 戎晓霞, 卢毅, 张睿. 基于动态可挽救性的应急车辆调度问题研究 [J]. 电子科技大学学报 (社会科学版), 2011, 13 (4): 6-9.

[61] 陈钢铁, 帅斌. 震后道路抢修和应急物资配送优化调度研究 [J]. 中国安全科学学报, 2012, 22 (9): 166.

[62] 詹沙磊, 刘南. 基于灾情信息更新的应急物资配送多目标随机规划模型 [J]. 系统工程理论与实践, 2013, 33 (1): 159-166.

[63] 杨海强, 陈卫明. 存在不确定灾害点的交通运输网络应急车辆调度研究 [J]. 安全与环境工程, 2017, 24 (5): 26-30.

[64] Rennemo S. J., Rø K. F., Hvattum L. M., et al. A three-stage stochastic facility routing model for disaster response planning [J]. Transportation Research Part E Logistics & Transportation Review, 2014, 62 (2): 116-135.

[65] 石彪, 池宏, 祁明亮, 等. 应急物资运输的两阶段车辆调度模型 [J]. 系统工程, 2012, 30 (7): 105-111.

[66] 夏红云, 江亿平, 赵林度. 基于双层规划的应急救援车辆调度模型 [J]. 东南大学学报 (自然科学版), 2014, 44 (2): 425-429.

[67] Duan Xiaohong, Song Shouxin, Zhao Jiandong. Emergency vehicle dispatching and redistribution in highway network based on bi-level programming [J]. Mathematical Problems in Engineering, 2015: 1-12.

[68] 段晓红. 城市快速路网应急车辆动态调度与再配置研究 [D]. 北京交通大学, 2016.

[69] 刘波, 李砚. 应急物资车辆调度的鲁棒双层优化模型 [J]. 系统工程, 2016 (5): 77-81.

[70] Yu B., Yang Z. Z., Xie J. X. A parallel improved ant colony optimization for multi-depot vehicle routing problem [J]. Journal of the Operational Research Society, 2011, 62 (1): 183-188.

[71] Vidal T., Crainic T. G., Gendreau M. et al. A Hybrid Genetic Algorithm for Multidepot and Periodic Vehicle Routing Problems [J]. Operations Research, 2012, 60 (3): 611 – 624.

[72] Ling H., Junhui G. U., Management S. O. Study on multi-depot open vehicle routing problem with soft time windows [J]. Computer Engineering & Applications, 2017.

[73] 钟石泉, 贺国光. 多车场有时间窗的多车型车辆调度及其禁忌算法研究 [J]. 运筹学学报, 2005, 9 (4): 67 – 73.

[74] 熊浩, 胡列格. 多车型动态车辆调度及其遗传算法 [J]. 系统工程, 2009 (10): 21 – 24.

[75] 王晓博, 李一军. 多车场多车型装卸混合车辆路径问题研究 [J]. 控制与决策, 2009, 24 (12): 1769 – 1774.

[76] 马建华, 房勇, 袁杰. 多车场多车型最快完成车辆路径问题的变异蚁群算法 [J]. 系统工程理论与实践, 2011, 31 (8): 1508 – 1516.

[77] 马宇红, 姚婷婷, 张芳芳. 多车场多车型车辆调度问题及其遗传算法 [J]. 数学的实践与认识, 2014, 44 (2): 107 – 114.

[78] 杨海强, 陈卫明. 存在不确定灾害点的交通运输网络应急车辆调度研究 [J]. 安全与环境工程, 2017, 24 (5): 26 – 30.

[79] Knott R. The logistics of bulk relief supplies [J]. Disasters, 1987, 11 (2): 113 – 115.

[80] Barbarosoğlu G., Özdamar L., Çevik A. An interactive approach for hierarchical analysis of helicopter logistics in disaster relief operations [J]. European Journal of Operational Research, 2002, 140 (1): 118 – 133.

[81] Barbarosoğlu G., Arda Y. A two-stage stochastic programming framework for transportation planning in disaster response [J]. Journal of the Operational Research Society, 2004, 55 (1): 43 – 53.

[82] 夏正洪, 潘卫军. 多救援直升机多目标分配与航迹规划研究 [J]. 科学技术与工程, 2013, 13 (34): 10226 – 10231.

[83] 唐志星, 周毅. 保障能力受限下的民航应急物资调度研究 [J]. 电子技术与软件工程, 2016, (14): 196-198.

[84] 李桂香, 马蕾. 基于改进遗传算法的民航应急救灾物资调度 [J]. 计算机仿真, 2015, 32 (6): 104-107.

[85] 邵荃, 梁斌斌, 朱燕, 等. 民航应急救灾物资调度优化仿真研究 [J]. 武汉理工大学学报 (信息与管理工程版), 2015 (4): 503-508.

[86] Hu Z. H. A container multimodal transportation scheduling approach based on immune affinity model for emergency relief [J]. Expert Systems with Applications, 2011, 38 (3): 2632-2639.

[87] Özdamar L., Ekinci E., Küçükyazici B. Emergency Logistics Planning in Natural Disasters [J]. Annals of Operations Research, 2004, 129 (1): 217-245.

[88] Najafi M., Eshghi K., Dullaert W. A multi-objective robust optimization model for logistics planning in the earthquake response phase [J]. Transportation Research Part E Logistics & Transportation Review, 2013, 49 (1): 217-249.

[89] 王涛, 王刚. 一种多式联运网络运输方式的组合优化模式 [J]. 中国工程科学, 2005, 7 (10): 46-50.

[90] 陈雷雷, 王海燕. 大规模突发事件中基于满意度的应急物资优化调度模型 [J]. 中国安全科学学报, 2010, 20 (5): 46-52.

[91] 张家应, 冯坚, 胡军帅. 多式军事联运系统运输方式优化组合研究 [J]. 国防交通工程与技术, 2010, 8 (6): 24-27.

[92] 王海军, 王婧, 马士华, 等. 模糊需求条件下应急物资调度的动态决策研究 [J]. 工业工程与管理, 2012, 17 (3): 16-22.

[93] 王婧. 不确定条件下应急物资多式联运调度模型研究 [D]. 华中科技大学, 2013.

[94] 缪成, 许维胜, 吴启迪. 大规模应急救援物资运输模型的构建与求解 [J]. 系统工程, 2006.

[95] 杜洁, 郝妍, 王璐. 多目标应急物流运输问题优化研究 [J]. 物流工程与管理, 2010, 32 (4): 113-114.

[96] 官华, 张彪, 许可, 等. 基于粒子群算法的带有运输衔接的应急物资运输路径优化问题 [J]. 重庆师范大学学报 (自然科学版), 2015 (3): 23-29.

[97] 陈兆仁, 崔腾龙. 联合投送核心理念与理论创新 [J]. 军事交通学院学报, 2015, 17 (7): 1-5.

[98] Gale D., Shapley L. S. College admissions and the stability of marriage [J]. American Mathematical Monthly, 1962, 69 (1): 9-15.

[99] Janssen M., Verbraeck A. Comparing the strengths and weaknesses of Internet-based matching mechanisms for the transport market [J]. Transportation Research Part E, 2008, 44 (3): 0-490.

[100] 丁小东, 刘启钢, 王言, 赵良. 铁路物流车货匹配信息平台竞价博弈研究 [J]. 铁道货运, 2017, 35 (12): 1-5+17.

[101] 刘丹霞. 基于互联网的同城配送车货匹配模式及路径优化研究 [D]. 西南交通大学, 2017.

[102] 胡觉亮, 邴聪, 韩曙光. 基于 TS 算法的公路干线货运平台车货匹配研究 [J]. 浙江理工大学学报 (社会科学版), 2018, 10 (7): 1-9.

[103] 牟向伟, 陈燕, 高书娟, 姚思雨. 基于改进量子进化算法的车货供需匹配方法研究 [J]. 中国管理科学, 2016, 24 (12): 166-176.

[104] 蓝启明, 张东站. 公路物流智能配载的研究和装载算法设计内. 计算机工程与应用, 2012, (33): 237-243.

[105] 张青杰. 基于物流供需信息的组合匹配模型研究 [D]. 西安电子科技大学, 2017.

[106] Punel A., Stathopoulos A. Modeling the acceptability of crowdsourced goods deliveries: role of on text and experience effects [J]. Transportation Research Part E: Logistics and Transportation Review, 2017 (105): 18-38.

[107] 李建民, 孟庆霞. 共同配送中的车货配载问题多目标规划研究

[J]. 武汉理工大学学报（信息与管理工程版），2007（4）：125-127+131.

[108] Hernández S., Peeta S., Kalafatas G. A less-than-truckload carrier collaboration planning problem under dynamic capacities [J]. Transportation Research Part E Logistics & Transportation Review, 2011, 47 (6): 933-946.

[109] Tan A., Hilmola O. P., Binh D. H. Matching volatile demand with transportation services in Vietnam [J]. Asia Pacific Journal of Marketing & Logistics, 2016, 28 (1): 160-174.

[110] 张锦，王坤. 以物流供需匹配度为目标的流线优化模型 [J]. 西南交通大学学报，2010，45 (2): 324-330.

[111] 贾兴洪，海峰，董瑞. 车货匹配双边平台单归属用户比率提升控制设计 [J]. 计算机集成制造系统，2017，23 (4): 903-912.

[112] 朱江洪，王睿，李延来. 基于不确定语言关联性信息的车货双边匹配决策方法 [J]. 系统科学学报，2018，26 (1): 86-91.

[113] 邢大宁，赵启兰，郜红虎. 基于双边市场理论的物流信息平台定价策略研究 [J]. 商业经济与管理，2018 (6): 5-15.

[114] 郭静妮. 基于模糊群决策方法的车货供需匹配研究 [J]. 交通运输工程与信息学报，2017，15 (4): 141-146.

[115] 陆慧娟，安春霖，程倬，唐文彬. 基于SaaS和CSCW的车货匹配系统研究与应用 [J]. 华中科技大学学报（自然科学版），2012，40 (S1): 324-327.

[116] Mesa-Arango R., Ukkusuri S. V. Benefits of in-vehicle consolidation in less than truckload freight transportation operations [J]. Transportation Research Part E, 2013, 60 (12): 113-125.

[117] Hofman W., Punter M., Bastiaansen H., et al. Semantic technology for enabling logistics innovations a towards Intelligent Cargo in the Physical Internet [J]. International Journal of Advanced Logistics, 2016, 5 (2): 58-69.

[118] 李慧. 配载型物流信息服务平台的车货供需匹配研究 [D].

北京交通大学，2015.

[119] 温兆康，毛敏. 基于供需匹配度的配送网络综合权模型研究 [J]. 商业时代，2011（23）：34 – 35.

[120] Zhuang Y., Lu J., Su Z. Research on vehicles and cargos matching model based on virtual logistics platform [C]. Advances in Materials, Machinery, Electronics Ii: Proceedings of the International Conference on Advances in Materials, Machinery, Electronics, 2018: 040103.

[121] Caunhye A. M., Zhang Y., Li M. et al. A location-routing model for prepositioning and distributing emergency supplies [J]. Transportation Research Part E: Logistics & Transportation Review, 2016, 90（43）：161 – 176.

[122] 曲冲冲，王晶，黄钧，何明珂. 考虑时效与公平性的震后应急物资动态配送优化研究 [J]. 中国管理科学，2018，26（6）：178 – 187.

[123] 徐琴，马祖军，李华俊. 城市突发公共事件在应急物流中的定位——路径问题研究 [J]. 华中科技大学学报（社会科学版），2008（6）：36 – 40.

[124] Linet O., Ediz E, Beste K. Emergency Logistics Planning in Natural Disasters. Annals of Operations Research, 2004, 129（1）：217 – 245.

[125] 刘娇凤，贺素香. 应急管理中车辆受限的生产—库存及配送整合模型 [J]. 运筹与管理，2018，27（3）：59 – 65.

[126] 张有恒，朱晓宁，王力，赵佳昊. 基于机会约束规划模型的应急物资库存与运输一体化问题研究 [J]. 中国安全生产科学技术，2016，12（12）：181 – 185.

[127] 刘晓蕾，高军，张贝贝，叶江，基于安全库存的战时应急弹药储备库选址建模研究 [J]. 军械工程学院学报，2012（5）.

[128] Vidyarthi N., Celebi E., Jewkes E. E. Integrated production-inventory-distribution system design with risk pooling: Model formulation and heuristic solution [J]. Transportation Science, 2007, 41（3）：392 – 408.

[129] Tancrez J. S., Lange J. C., Semal P. A location-inventory model

for large three-level supply chains [J]. Transportation Research Part E: Logistics and Transportation Review, 2012, 48 (2): 485 – 502.

[130] Watson – Gandy C., Dohrn P. Depot Location with Van Salesmen: a Practical Approach [J]. Omega Journal of Management Science, 1973, 1 (3): 321 – 329.

[131] Liu S. C., Lee S. B. A two phase heuristic method for the multi-deport location-routing problem taking inventory control decisions into consideration [J]. The International Journal of Advanced Manufacturing Technology, 2003, (11 – 12) 941 – 950.

[132] Liu S. C., Lin C. C. A heuristic method for the combined location routing and inventory problem [J]. International Journal of Advanced Manufacturing Technology, 2005, 26 (4): 372 – 381.

[133] Kenderdine J. M., Larson P. D. Quality and logistics: a framework for strategic integration [J]. International Journal of Physical Distribution and Materials Management, 1988, 18 (7): 5 – 10.

[134] Shen ZJM, Qi L. Incorporating inventory and routing costs in strategic location models [J]. European Journal of Operational Research, 2007, 2 (2): 372 – 389.

[135] 姜冬青. 基于鲁棒优化的应急物资中心选址与应急调度策略的研究 [D]. 北京化工大学, 2015.

[136] Ahmadi – Javid A., Seddighi A. H. A location-routing-inventory model for designing multisource distribution networks [J]. Engineering Optimization, 2012, 44 (6).

[137] 崔广彬, 李一军. 基于双层规划的物流系统集成定位—运输路线安排—库存问题研究 [J]. 系统工程理论与实践, 2007 (6): 49 – 55.

[138] 崔广彬, 李一军. 模糊需求下物流系统 CLRIP 问题研究 [J]. 控制与决策, 2007 (9): 1000 – 1004 + 1016.

[139] Ahmad H., Hamzah P., Yasin Z. A. M. M., et al. Location rou-

ting inventory problem with transshipment (LRIP – T) [C]. Proceedings of the 2014 International Conference on Industrial Engineering and Operations Management, Bali, Indonesia, 2014: 1595 – 1605.

[140] 唐金环, 戢守峰, 朱宝琳. 考虑碳配额差值的选址—路径—库存集成问题优化模型与算法 [J]. 中国管理科学, 2014, 22 (9): 114 – 122.

[141] 唐琼, 伍星华, 徐玉辉. 集成物流优化中的 LIRP 研究评述 [J]. 经济研究导刊, 2016 (7): 46 – 47.

[142] 唐琼, 张振文, 何青, 谭欣. 基于二层规划的选址库存路径问题研究 [J]. 物流技术, 2011, (7): 137 – 142.

[143] 吕飞, 李延辉. 备件物流系统选址库存路径问题模型及算法 [J]. 工业工程与管理, 2010, 15 (1): 82 – 91.

[144] 马汉武, 杨相, 张登凡, 等. JITD 确定需求单级物流分销网络 ILRIP [J]. 工业工程与管理, 2010, 15 (4): 25 – 30.

[145] Tavakkoil – Moghaddam R., Forouzanfar F., Ebrahimnejad S. Incorporating location, routing and inventory decisions in a bi-objective supply chain design problem with risk-pooling [J]. Journal of Industrial Engineering International, 2013, 9 (1): 19.

[146] Yi W., Özdamarb L. A dynamic logistics coordination model for evacuation and support in disaster response activities [J]. European Journal of Operational Research, 2007, 179: 1177 – 1193.

[147] Mete H. O., Zabinsky Z. B. Stochastic optimization of medical supply location and distribution in disaster management [J]. International Journal of Production economics, 2010, 126: 76 – 84.

[148] 葛洪磊, 刘南. 复杂灾害情景下应急资源配置的随机规划模型 [J]. 系统工程理论与实践, 2014, 34 (12): 3034 – 3042.

[149] Rezaei – Malek M., Tavakkoli – Moghaddam R., Zahiri B. et al. An interactive approach for designing a robust disaster relief logistics network

with perishable commodities [J]. Computers & Industrial Engineering, 2016: S0360835216300079.

[150] Kemball - Cook D., Stephenson R. Lessons in logistics from Somalia [J]. Disasters, 1984, 8 (1): 57 -66.

[151] Carter W. N. Disaster Management: A Disaster Manager's Handbook [M]. Philippines: Asian Development Bank, 1992: 5 -25.

[152] Tufekci S., Wallace W. A. The Emerging Area Of Emergency Management And Engineering [J]. IEEE Transactions on Engineering Management, 2002, 45 (2): 103 -105.

[153] 高东娜, 刘新华. 浅论应急物流 [J]. 中国物流与采购, 2003 (23): 22 -23.

[154] 欧忠文. 应急物流 [J]. 重庆大学学报（自然科学版）, 2004 (3): 164 -167.

[155] 缪成. 突发公共事件下应急物流中的优化运输问题的研究 [D]. 同济大学, 2007.

[156] 薛梅, 胡志娟. 我国应急物流系统构建研究 [J]. 经济论坛, 2010 (7): 145 -147.

[157] Anaya - Arenas A. M., Renaud J., Ruiz A. Relief distribution networks: a systematic review [J]. Annals of Operations Research, 2014, 223 (1): 53 -79.

[158] 谢如鹤, 邱祝强. 论应急物流体系的构建及其运作管理 [J]. 物流技术, 2005 (10): 78 -80.

[159] 包玉梅. 突发公共事件应急物资储备策略研究 [J]. 科技信息: 学术研究, 2008 (34): 76 -78.

[160] 张旭凤. 应急物资分类体系及采购战略分析 [J]. 中国市场, 2007 (32): 110 -111.

[161] Wang H., Du L., Ma S. Multi-objective open location-routing model with split delivery for optimized relief distribution in post-earthquake [J]

Transportation Research Part E, 2014, 69 (3): 160 – 179.

[162] 张杨. 完善我国应急物资管理的若干问题探讨 [J]. 物流工程与管理, 2011, 33 (1): 78 – 79.

[163] Burcu Balcik, Benita M. Beamon, Karen Smilowitz. Last Mile Distribution in Humanitarian Relief [J]. Journal of Intelligent Transportation Systems, 2008, 12 (2): 51 – 63.

[164] Dantzig G. B., Ramser J. H. The Truck Dispatching Problem [J]. Management Science, 1959, 6 (1): 80 – 91.

[165] 王旭坪, 马超, 阮俊虎. 运力受限的应急物资动态调度模型及算法 [J]. 系统工程理论与实践, 2013, 33 (6): 1492 – 1500.

[166] 刘艳绒. 应急物流配送车辆调度优化研究 [D]. 长安大学, 2010.

[167] 杨贵红. 非满载物流车辆调度优化方法研究 [J]. 计算机仿真, 2017, 34 (3): 147 – 150.

[168] 总参谋部, 总政治部, 总后勤部, 总装备部. 军队联合投送训练规定 [A]. 北京: 总参谋部, 2014.

[169] 陈兆仁, 崔腾龙. 联合投送核心理念与理论创新 [J]. 军事交通学院学报, 2015, 17 (7): 1 – 5.

[170] 毕海玲, 张旭涛, 傅钰. 联合投送背景下运输网络弹性研究 [J]. 军事交通学院学报, 2015, 17 (8): 83 – 86.

[171] 毕海玲, 张旭涛, 傅钰. 联合投送背景下运输网络弹性研究 [J]. 军事交通学院学报, 2015, 17 (8): 83 – 86.

[172] Roth A. E. Common and Conflicting Interests in Two-sided Matching Markets [J]. European Economic Review, 1985, 27 (1): 75 – 96.

[173] Boventer E. The relationship between transportation costs and location rent in transportation problems [J]. Journal of Regional Science, 1969, 3 (2): 27 – 40.

[174] 郭伏, 王红梅, 罗丁. 城市物流配送系统的多目标优化 LRP

模型研究[J].工业工程与管理,2005(5):1-4.

[175] Federgruen A., Zipkin P. A combined vehicle routing and inventory allocation problem[J]. Operations Research, 1984, 32(5):1019-1037.

[176] 秦磊.基于模拟退火算法的易逝品库存路径问题[J].计算机工程与设计,2017,38(2):424-429.

[177] 倪志伟,朱旭辉,伍章俊.随机需求下多周期供应链库存配送联合优化模型[J].合肥工业大学学报(自然科学版),2015(1):121-126.

[178] 马宇红,张浩庆,姚婷婷.随机需求下分销网络的选址库存联合模型[J].西北师范大学学报(自然科学版),2013,49(1):25-31.

[179] 郝书池,王国庆.允许部分跨级存储的多级供应链库存配置与选址决策模型[J].系统管理学报,2019,28(1):201-206.

[180] 唐艳,马祖军,赵娟娟.基于CMI的废旧轮胎回收系统多周期LRIP[J].计算机集成制造系统,2011,17(2):397-403.

[181] 艾云飞,吕靖,王军,张丽丽.应急物资政企联合储备合作机理研究[J].运筹与管理,2015,(5):126-131.

[182] 王之乐,张纪海.基于多灾种视角的应急物资需求紧迫性分级研究——以地震灾害链全过程应急管理为例[J].灾害学,2017,32(2):190-195.

[183] Sobel R. S., Leeson P. T. The Use of Knowledge in Natural-Disaster Relief Management[C]//Department of Economics, West Virginia University, 2015:519-532.

[184] 冯海江.地震灾害救援中的应急物资分配优化研究[D].上海交通大学,2010.

[185] 刘波,李波,李砚.不确定条件下应急资源布局的鲁棒双层优化模型[J].计算机工程与应用,2013,49(16):13-17.

[186] 王晶,张玲,黄钧,等.基于不确定需求的鲁棒应急物流系统

[J]. 数学的实践与认识, 2009, 39 (20): 53-60.

[187] 杨洪年. 综合运输体系若干理论问题探讨 [J]. 综合运输, 2012 (9): 4-11.

[188] 朱娜, 郑亚平. 复杂物流网络下的应急物资分配模型 [J]. 数学的实践与认识, 2016, 46 (19): 133-141.

[189] Wilson D. T., Hawe G. I., Coates G. et al. A multi-objective combinatorial model of casualty processing in major incident response [J]. European Journal of Operational Research, 2013, 230 (3): 643-655.

[190] 赵艳丽. 实际路网最短路径算法优化与实现 [D]. 华南理工大学, 2015.

[191] 王芹, 高志军, 徐最, 王筱莉, 赵来军. 突发事件影响下应急物资的库存管理策略 [J]. 上海海事大学学报, 2018, 39 (1): 80-84.

[192] 崔广彬, 李一军. 模糊需求下物流系统 CLRIP 问题研究 [J]. 控制与决策, 2007 (9): 1000-1004+1016.

[193] 来学伟. 两种不同贪心算法在求解 TSP 问题中的应用和比较 [J]. 河北北方学院学报 (自然科学版), 2018, 34 (7): 34-37.

后 记

"5·12"汶川地震发生后，国家相关管理部门更加重视应急物流管理。特别是2018年成立了中华人民共和国应急管理部，对于推动形成统一指挥、专常兼备、反应灵敏、上下联动、平战结合的中国特色应急管理体制具有重要作用。《中华人民共和国突发事件应对法》等相关应急管理文件，明确提出了，国家建立统一领导、综合协调、分类管理、分级负责、属地管理为主的应急管理体制。本专著探讨属地应急物流管理的相关问题，不但丰富了属地应急物流理论，为灾后展开快速救援提供理论基础，理论意义和实践价值重大。

本书是国家重点研发计划课题"末端快速精准投送调度系统及关键技术研究"（课题编号：2016YFC0803207）的研究成果，感谢国家重点研发计划对研究项目的支持。

本书在写作过程中，得到了张佩、秦博文、黄露、张甜甜等研究生的大力帮助，在资料收集、文献查阅、模型构建等方面做了大量的工作，在此表示最诚挚的感谢。

在本书写作过程中，参考借鉴了国内外大量有关属地应急物流管理的相关研究成果，并在书中以参考文献的格式进行了标注，在此对这些研究者表示诚挚的谢意。

本书的出版要感谢经济科学出版社的工作人员，她们对书稿一遍一遍认真地审校，付出了大量的心血，这种认真负责的态度深深地感染了我，在此我再次表示深深地感谢！

最后感谢每一位读到这本书的朋友，同时请求你们能原谅我文笔的有限以及部分有失偏颇的见解。谢谢！

作者
2019年8月于北京